AF297291

L'Affiche de la première Exposition Officielle

L'Affiche de la dernière Exposition Officielle

Joseph Prudhomme 1842, à Joseph Prudhomme d'*hier* :
« .....moi non plus, je ne croyais pas au chemin de fer..... »

Et *maintenant*, le même Joseph Prudhomme, ravi, peut déclarer :
« ..... Mon fils, lui-même, court prendre l'avion. »

Affiches de Georges Villa.

Préface de **M. Laurent Eynac**, Ministre de l'Air

Cliché G. L. Manuel Frères

M. LAURENT EYNAC, Ministre de l'Air

Au Livre d'Or de l'Aviation Française sera ajouté un nouveau chapitre.

Il y faudra une suite.

Notre foi en les destins ailés de notre pays s'appuie sur les ressources profondes et vraies que nous lui savons.

La vaillance et la volonté de nos pilotes attendent de nos ingénieurs et constructeurs le matériel qu'il est en leur moyen de nous donner.

Qu'ils s'y attachent résolument, le concours de l'État ne sera pas un mot.

C'est de machines dont nous avons le plus besoin.

Il faut réaliser ; il faut aboutir ; nos ailes frémissent d'impatience.

Le 4. Octobre 1928.

CITATION A L'ORDRE DE LA NATION

LE GOUVERNEMENT DE LA RÉPUBLIQUE

cite à l'Ordre de la Nation :

M. BOKANOWSKI (Maurice) *Député de la Seine, Chevalier de la Légion d'Honneur, Décoré de la Croix de Guerre, Ministre du Commerce, de l'Industrie et de l'Aéronautique.*

« Fervent de la locomotion aérienne, a donné en maintes occasions d'éclatants témoignages de sa foi dans les destinées de l'Aviation Française. A consacré tous ses efforts avec une énergie et un dévouement inlassables au développement de la Navigation Aérienne. A péri tragiquement le 2 Septembre 1928 dans l'accomplissement de son devoir. »

(*Journal Officiel* du 3 Octobre 1928)

SIGNÉ: *Le Ministre de l'Air*, LAURENT EYNAC

CE QUE L'AVIATION DOIT A LA FRANCE

Plaquette éditée par la Direction Générale de l'Aéronautique,
à l'occasion de sa participation officielle au XIe Salon de l'Aéronautique, inauguré à Paris, le 29 Juin 1928,
par M. Gaston Doumergue, Président de la République et par M. Bokanowski, Ministre du Commerce, de l'Industrie et de l'Aéronautique.

Cliché NADAR

M. BOKANOWSKI
Ministre du Commerce, de l'Industrie
et de l'Aéronautique

PRÉFACE DE M. BOKANOWSKI

Cette plaquette, où revit l'Exposition Officielle du dernier Salon de PARIS, est aussi, par son importante partie rétrospective, un véritable Livre d'Or de l'AVIATION FRANÇAISE.

Elle ira au loin faire connaître à tous ceux qui n'ont pu voir le Salon, la vraie figure de notre Aéronautique, à la lumière éclatante non seulement des legs de gloire du plus prestigieux des Passés, mais de pages toutes récentes, dont nous avons lieu de n'être pas moins fiers. Le raid de COSTES et LE BRIX a fait l'admiration du monde entier. Et n'est-elle pas d'autre part d'une envergure sans pareille l'entreprise si brillamment réussie de la liaison aérienne mixte FRANCE-ARGENTINE par service régulier ?

Au Salon enfin nous avons eu mille preuves de la vitalité du génie créateur de nos industriels.

Tout cela est montré à nouveau dans ce petit livre, que doivent lire tous ceux qui s'intéressent à l'Aviation et particulièrement à l'AVIATION FRANÇAISE.

Ce que l'Aviation doit a la France

PREMIÈRE PARTIE

Chapitre premier : DES NOMS, DES DATES, DES FAITS,

Des noms illustres, l'Aviation Française en compte tant, qu'il est impossible de les énumérer tous.

Et d'ailleurs, tel n'est pas le but de cette modeste plaquette, simple résumé, destiné à garder le souvenir de la démonstration faite au Salon de l'Aéronautique 1928 de la grandeur du rôle joué par la France dans la naissance et le développement de l'Aviation. Noms, dates et faits vont se succéder dans les pages qui suivent, rappelés exactement comme ils le furent au Salon, avec cette seule différence que les « parchemins géants » du Salon se sont mis à la taille des pages de cette plaquette...

La France fut le berceau de l'Aviation et a joué un rôle trop beau dans les vingt années qui viennent de s'écouler, pour que ce passé magnifique n'ait pas des lendemains plus glorieux encore.

Ce qui fut fait chez nous mérite d'être mieux connu.

Et pas seulement dans le domaine des exploits s'imposant à l'admiration de tous, tels en 1909 la traversée de la Manche par Blériot, en 1910 le circuit de l'Est, en 1912 le premier looping de Pégoud, en 1913 la traversée de la Méditerranée par Garros ; tel l'épopée du Goliath Farman de Bossoutrot en 1919; tels le Paris-Tokio de Pelletier Doisy en 1924 et le Circuit des Capitales du Potez d'Arrachart en 1925 ; tel enfin ce voyage surhumain, terminé le 19 Avril 1928, de 57.000 km. bouclés autour du monde à une allure de record sur leur Bréguet Hispano par Coste et Le Brix, par dessus les mers et les monts, l'ancien et le nouveau Monde et en dépit bien souvent de tous les éléments déchaînés.

Si ces exploits ont été possibles, c'est que la France, Patrie des plus grands précurseurs et des premiers réalisateurs, dont les conceptions *restèrent*, reste aussi le Pays où les constructions aéronautiques ont toujours été étudiées avec le plus de foi, d'esprit imaginatif et d'habileté réalisatrice.

C'est pourquoi le rappel des grands faits de l'Histoire de notre aviation sera placé dans les pages qui vont suivre entre une première série consacrée aux grands noms français de la conquête de l'Air et une deuxième qui, en quelques exemples particulièrement typiques, résumera l'évolution des constructions aéronautiques.

Ce qui fut fait chez nous dans le domaine industriel mérite d'être pleinement connu. Apprenons ce qu'est à l'heure actuelle une grande usine d'Aviation. Apprenons ce qu'est notre Aviation marchande. Il faut connaître tout cela pour apprécier à sa juste valeur *tout ce que l'Aviation doit à la France*.

PÉNAUD

C'est à Paris aux Tuileries que le 18 Août 1871 pour la première fois un modèle réduit d'aéroplane s'éleva du sol.

On peut nommer jouet, tant l'engin est minuscule (45cm d'envergure, 16grs. de poids,) le Planophore de Pénaud. et d'autre part une torsade de caoutchouc donnait à la question moteur une solution évidemment non extrapolable en grand Mais ne voir là qu'un jouet, alors que sont d'une taille analogue, nos modernes modèles pour laboratoires aérodynamiques, serait méconnaître que la réalisation de Pénaud nous apporter notamment la preuve de l'efficacité de la queue stabilisatrice, solution qui par la suite devait s'avérer supérieure à tel point que tous les types d'aéroplanes ne la comportant pas, n'ont plus qu'un intérêt historique.

Pénaud en 1876 fit breveter un projet d'aéroplane véritable comportant quantité de dispositifs remarquables, mais il ne trouva pas de commanditaires et la vie de cet inventeur de génie, devenu malade finit prématurément par un lamentable suicide en 1880.

MOUILLARD

Le Français Mouillard qui vécut surtout en Algérie et en Égypte fit paraître en 1881 un ouvrage « L'empire de l'air » qui est à la base de toutes les théories et réalisations modernes sur le vol à voile.

MAREY

Marey dans son ouvrage « Le vol des oiseaux » donna dès 1890 une analyse complète et parfaite du vol des oiseaux par décomposition chronophotographique.

TATIN

Tatin fut le continuateur de Pénaud.

Dès 1878, il construisait un modèle réduit comportant un minuscule moteur à air comprimé.

En 1896, une aide financière généreuse de l'éminent savant Charles Richet permit à Tatin de réaliser un grand modèle lequel fit à Carqueiranne un magnifique vol de 140m mais c'était un vol non dirigé et il se termina par la disparition du précieux modèle dans la mer.

La solution du plus lourd que l'air était définitivement acquise quand Tatin put réaliser en 1908 avec l'appui financier du comte de la Vaulx un appareil normal et qui vola sur les plans de ses modèles de 1879 et 1896.

ADER est le premier homme au monde ayant réussi à se soutenir au-dessus du sol à bord d'un appareil volant à moteur s'étant élevé par ses propres moyens...

Dès 1854 à 14 ans, déjà hanté par l'idée de voler il étudie à la jumelle le vol des oiseaux et constate la concavité spéciale des ailes...

Ader a raconté qu'à cette époque, une nuit avec 2 bâtons tenus solidement en mains, bras écartés et une pièce de lustrine dont il s'était couvert: après avoir attaché les pans en plusieurs points aux deux bâtons il avait essayé la valeur de la force portante du vent sur ces ailes rudimentaires, et s'appuyant simplement sur une jambe, à une bourrasque violente et constata non sans émotion que ce dispositif suffisait à ce que par moment il se sentit sur le point d'être emporté.

Bien des années passèrent...
Par de géniales inventions dans le domaine électrique Ader devint célèbre et riche. Il consacra dès lors sa vie et sa fortune au problème du plus lourd que l'air.

Premiers Travaux — Premiers Succès

En 1886, il s'attèle à la construction d'un appareil volant à ailes repliables et moteur à vapeur, qu'il dénomme l'Éole N°1. Quatre ans plus tard était construit, à mai, d'un moteur à vapeur extra-léger, un appareil ayant 14 m d'envergure, 6 m 50 de long et qui en ordre de marche pesait 500 Kgs.

Le 9 Octobre de la même année 1890, dans le lac du Château d'Armainvilliers, près de Gretz, en présence des contremaîtres Espinosa et Vallier l'appareil fut expérimenté et quitta légèrement le sol sur une cinquantaine de mètres.

Divers perfectionnements immédiatement entrepris furent terminés en 1891 et l'appareil, baptisé Éole N°2 expérimenté en septembre, permit à Ader, après avoir senti le sol se dérober sous les roues, de se poser sans encombre une centaine de mètres plus loin (distance contrôlée par l'intervalle où l'on ne trouva plus de trace de roues).

Cet appareil fut alors exposé au Pavillon de la Ville de Paris dans le Palais de l'Industrie et après l'avoir vu le ministre de la Guerre de Freycinet persuadé qu'il était possible de rendre en la perfectionnant l'invention d'Ader applicable à la défense nationale accorda une subvention de 300.000 francs.

Le 1er Vol vu par des Officiels

Quand en 1897 fut prêt l'appareil dénommé par Ader Avion N°3, appareil repliable comme l'Éole, mais muni cette fois de deux machines à vapeur de 30 cv, ne pesant pas plus d'un kg au cv, Ader eut la joie de constater dès le 1er essai le 8 Octobre 1897, que son Avion faisait sans peine de petites envolées sur la piste circulaire préparée à Satory pour les constatations d'une Commission officielle qui devait se réunir le 14 Octobre. Ce jour-là, il fit un temps épouvantable. Néanmoins l'Avion fit une envolée de 300 mètres.

Mais la bourrasque ayant empêché Ader de rester au-dessus de la piste, il fut contraint à un atterrissage prématuré et brutal; l'appareil se renversa et fut brisé.

Toute subvention nouvelle fut alors refusée à Ader. L'inventeur désespéré ferma ses ateliers après avoir détruit par le feu, excepté l'Avion, tout ce qui avait rapport à ses travaux.

FERBER

Théoricien, technicien, apôtre, inventeur, réalisateur, le Capitaine Ferber fut tout cela et l'Aviation lui doit beaucoup.

Il commença en 1898 par de très simples planeurs, dont les formes progressivement améliorées, lui permirent de faire dès 1901 des glissades très stables et de montrer que:

le coefficient de résistance de l'air sur un aéroplane est presque décuple de ce qu'il est pour un plan orthogonal et le fait parut incroyable à l'époque.

En 1902, il adopte la forme cellulaire, fait de nombreux vols planés puis, les moteurs existant alors étant trop lourds (plus de 16 Kgs par Cv) pour faire s'élever un aéroplane, il fait construire un manège aérodynamique pour étudier néanmoins méthodiquement les phénomènes résultant de l'adaptation d'une hélice tournante à un planeur suspendu dans les airs.

Ces recherches lui permirent de construire en 1905, son 6ᵐᵉ aéroplane, d'un type dont les grandes lignes seront ultérieurement reprises par bien des constructeurs. Cet aéroplane supporté et lancé au départ par un ingénieux système de câbles portés par 3 pylônes, montra une stabilité parfaite, la trajectoire étant augmentée de 50% par l'effet de l'hélice d'un moteur Buchet de 6 Cv. Il suffisait dès lors d'adapter un moteur léger plus puissant et le problème du vol était résolu. Or, la chose était possible maintenant que Levavasseur construisait des moteurs de 2 Kgs au Cv. Faute des crédits indispensables à l'achat d'un tel moteur, crédits qui lui furent refusés, Ferber dut attendre.

Malheureusement, quelques mois plus tard, l'aéroplane 6, pour lequel on n'avait même pas pu trouver, par suite de l'arrivée d'un dirigeable, une place dans un hangar à Chalais, était détruit par une tempête.

C'est en 1908 seulement que Ferber, entré entre temps à la Société Antoinette put enfin monter sur un appareil, absolument le même que celui de 1905, le moteur Antoinette de 24 Cv qu'il eût pu avoir 2 ans plus tôt si ses rapports de 1905 avaient été écoutés et l'aéroplane vola aussitôt parfaitement.

Le nom de Levavasseur qui dès 1886 réalisait le premier moteur à explosion léger 1 kg au CV qui ait tourné dans le monde, mérite d'être mis à côté des noms les plus glorieux des réalisateurs des premiers vols.

C'est avec des appareils propulsés par des moteurs Antoinette, création de Levavasseur, que Santos-Dumont, Charles Voisin, H. Farman, Blériot... accomplirent leurs immortels exploits.

Commandité dès le début par Gastambide qui devait créer ultérieurement la Sté Antoinette, Levavasseur avait réalisé dès 1903 un premier aéroplane monoplan

à ailes incurvées, qui fut essayé sur rails dans le parc du Château de Villotran, se souleva légèrement, se renversa et se brisa.

Le Gastambide-Mangin réalisé en 1907 faisait en Décembre un vol de 220 mètres.

Un nouveau type créé en collaboration avec Ferber permet de mettre au point doctrines constructives et stabilité.

Et dès fin 1908, Gastambide bâtissait l'Antoinette IV sur lequel devait s'illustrer Latham.

Santos-Dumont

[...] étudiés et construisit pour lui longtemps des appareils qui le rendaient célèbre. On vit ses exploits en dirigeable et que dans ses premières expériences d'aviation. L'appareil était remorqué par un ballon.

Le 24 Octobre 1906 il gagnait le prix Deutsch pour les 50 premiers mètres en région avec un appareil [illegible] mais dès 1907 c'est avec un monoplan qu'il poursuivait ses exploits accomplissant dès novembre des vols de plusieurs centaines de mètres.

ESNAULT-PELTERIE

Esnault-Pelterie est l'un des plus extraordinaires techniciens et inventeurs que l'aviation ait comptés.

Après avoir fait du planeur en 1903-04, il abordait méthodiquement le problème de l'aéroplane par des expériences aérodynamiques en remorque d'une automobile avec dynamomètre interposé, calculait aussitôt ce que devaient être les surfaces et le moteur pour pouvoir s'envoler; s'attaquait sans plus tarder au problème du moteur léger, le résolvait dès 1907 (1 kg au CV), construisait la même année un appareil qui décollait en automne

1907 et faisait une envolée remarquable en 1908. Ce premier aéroplane REP avait de ses ailes [illegible] fait de tubes d'acier.

BLÉRIOT dès 1900 abordait en constructeur le problème du plus lourd que l'air, mais par la plus ardue des voies, celle de l'ornithoptère et se heurtait bientôt à d'insurmontables difficultés mécaniques.

Il s'associa en 1906 à Voisin pour construire des cellules qu'il voulut elliptiques pour des raisons d'auto-stabilité, mais ces Blériot-Voisin qui furent essayées sur flotteurs en Seine et sur le lac d'Enghien ne purent décoller.

En 1907 Blériot ayant repris sa liberté attaqua le problème de la conquête de l'air par le monoplan. Il était dès lors dans la voie de la solution qu'il devait illustrer si magnifiquement.

Dès le 19 Avril 1907 il essayait lui-même son "Blériot N°4", dit "le Canard" qui fut brisé à la suite d'un capotage au départ.

Alors, avec l'aide de Peyret, Blériot construisait un appareil à double paire d'ailes en tandem, dans lequel l'aile avant était munie d'ailerons. Ce fut le Blériot N°5, qui réussit quelques envolées, mais le 17 septembre 1907, l'appareil qui n'était pas muni de gouvernail de profondeur et simplement gouverné en hauteur par le déplacement du siège du pilote, se cabra et se brisa.

Blériot ne se découragea pas et revenant dès X° 1907 à l'idée monoplane pure il entreprenait la plus magnifique série d'expériences aéro-dynamiques en vraie grandeur qui ait jamais été faite et qui aboutit en quelques mois au monoplan tel qu'il est encore aujourd'hui conçu avec hélice tractice, empennage à l'arrière, plan fixe, dérive, gouvernail de profondeur et ailerons.

A souligner tout particulièrement que le Blériot VI de 1907 est le 1er monoplan qui baisse qui ait été fait au monde et l'on retrouve, dans certains avions récents ayant donné la preuve la plus éclatante de leur valeur, tous les éléments essentiels du Blériot XI de 1909.

Les frères VOISIN — Premières expériences
Le Premier triomphe.

D'abord quelques dates:

1897. Les frères Voisin font à Neuville s/Saône des expériences avec un cerf-volant construit par eux.

1903. Gabriel Voisin entre en relations avec Mr Archdeacon pour des expériences de planeurs que cet apôtre de l'Aviation se proposait de faire.

1905. Gabriel Voisin fait à Berck quelques glissades aériennes sur le planeur de Mr Archdeacon, construit à Chalais par Dargent.

1906. G. Voisin construit dans les ateliers Surgan à Levallois un premier planeur type Voisin qui fut achevé dans les ateliers Surcouf à Billancourt.

Ce planeur monté par Gabriel Voisin, fut essayé en cerf-volant, remorqué au-dessus de la Seine à Billancourt par un canot automobile. Un dynamomètre intégré permit de calculer avec exactitude la force du moteur nécessaire pour transformer le planeur en aéroplane.

Dès la fin de 1906, G. Voisin, alors associé avec son frère Charles, construisit cet aéroplane (Voisin avait été entre temps associé de Blériot pour des constructions diverses notamment celles qui furent expérimentées à Enghien).

Et dès le début de 1907 était réalisé le biplan Voisin comportant 2 plans de 10m d'envergure sur 2m de profondeur, queue stabilisatrice et gouvernail de direction à l'arrière, gouvernail de profondeur à l'avant, stabilisation latérale par V, aéroplane muni d'un moteur à explosion Antoinette de 16 Cv, train d'atterrissage orientable.

Le premier essai à Vincennes, Gabriel Voisin étant à bord, se termina après un bond de quelques mètres par un accident au sol, qui montra les renforcements à effectuer.

Enfin, le 15 Mars 1907, Charles Voisin pilotant l'appareil que son frère et lui avaient étudié et construit, réussit à Bagatelle, devant un nombreux public et même un opérateur cinématographique (ce film a été conservé par la Maison Gaumont) un vol magnifique de 80 mètres.

La démonstration fut faite d'abord par Henri Farman le 13 Janvier 1908 gagna le Prix Deutsch-Archdeacon du premier kilomètre bouclé en avion avec un biplan Voisin que ce dernier avait étudié et construit pour Farman et qui avait vécu pour la performance en vue un certain nombre de dispositions suivant les vues d'Henri Farman.

La démonstration fut renforcée par une série de vols de Delagrange en France et en Italie toujours sur biplan Voisin, vols d'ampleur progressive atteignant 9 kilomètres le 27 Mai 1908 devant L.M.M. Le Roi et la Reine, 17 kilomètres le 22 Juin.

La démonstration devint éclatante quand grâce à l'achat par le Français Lazare Weiler des brevets Wright, ces derniers étant venus en France, purent enfin officiellement faire, aux yeux du monde entier, aux journées d'Hunaudières en Août et surtout d'Auvours en septembre et octobre la preuve des qualités de vol de leur biplan et de leur virtuosité à le conduire.

1908 est aussi l'année où pour la 1re fois le 13 Mars un hélicoptère (Cornu) se souleva (40cm) du sol.

Par ailleurs à Douai, dès le 22 Juillet 1908, Louis Bréguet avec son "gyroplane" Bréguet Richet accomplissait le 1er vol, (une soixantaine de mètres à 4m de hauteur) qui ait été fait en hélicoptère.

Il convient de rappeler aussi une série de vols de 1 km environ faits en Juillet en Anjou par René Gasnier sur un biplan de son invention.

D'autre part, le 30 Octobre 1908 Henri Farman accomplissait sur son Voisin de Bouy à Reims le 1er voyage de ville à ville qui ait été fait en avion.

Enfin, en Décembre 1908, se tenait au Palais des Champs-Elysées le 1er Salon de l'Aéronautique. C'est en 1908 également que dans la Somme, les frères Caudron expérimentent avec succès leur premier planeur.

Résumé de la situation fin 1908.

1909
Survol de la Manche

Devait d'être l'année du Circuit de l'Est

1910

fut l'année de la victoire française
en Angleterre
du Grand Prix du "Daily Mail"
gagné par Paulhan sur H. Farman, moteur Gnôme
prix qui devait être accordé au 1er Aviateur allant de Londres à Manchester en moins de 24h

Paulhan parti à la tombée de la nuit le 27 Avril à 17h.. atterrissait en pleine nuit à 20h50 à Lichfield, en repartait au petit jour à 4h15 et arrivait à Manchester à 5h23.

Le Circuit de l'Est

Avec le circuit de l'Est, organisé par "Le Matin" et doté par lui d'un Grand Prix de 100.000 frs; l'aviation fait un pas immense. Pendant 10 jours régulièrement un jour sur deux suivant le programme les avions engagés prennent leur vol et malgré des conditions atmosphériques souvent contraires accomplissent l'étape prévue. Le vainqueur Alfred Leblanc sur Blériot Gnôme accomplit les 785 kms du circuit en 12h50 de vol effectif.

1910

fut aussi pour la France l'année
de

La 1re traversée des Alpes par Géo Chavez (ni assou?) sur Blériot, moteur Gnôme le 27 Sept 1910

Paris Bordeaux fut gagné par Bielovucic sur Voisin accomplissant le trajet en 4 étapes et 6h15 de vol effectif pendant les journées des 1, 2 et 3 Septembre.

Paris Bruxelles et retour fut gagné par Wynmalen (Hollandais) accomplissant le Aller sur H. Farman accomplissant le trajet les 16 et 17 Oct.. en 27h50 avec 3 étapes et 11h25 de vol effectif.

Le début de l'année 1911 fut marqué par une prouesse à la réalisation de laquelle les frères Michelin avaient dès 1908 attaché un prix de 100.000 francs. Tenir se poser au sommet du Puy de Dôme moins de 6 heures après un envol de Paris.

Renaux avec Senouque comme passager parti de Paris sur avion M. Farman moteur Renault le 7 Mars à 9h12 après une escale de 14' à Nevers atterrissait à 2h32 au sommet du Puy de Dôme.

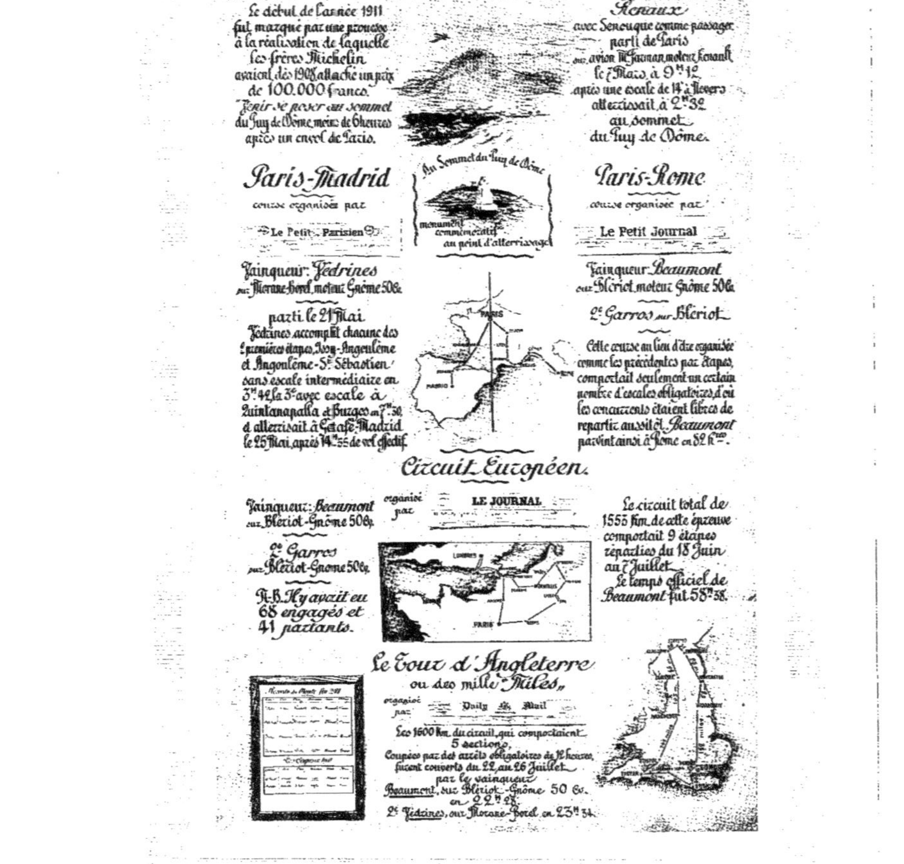

Paris-Madrid

course organisée par

Le Petit Parisien

Vainqueur: Védrines sur Morane-Borel moteur Gnôme 50 c.

parti le 21 Mai.
Védrines accomplit chacune des 2 premières étapes, Issy-Angoulème et Angoulème-St Sébastien sans escale intermédiaire en 3h.42 la 3e avec escale à Quintanapalla et Burgos en 7h.30, et atterrissait à Getafe-Madrid le 25 Mai, après 14h.55 de vol effectif.

Paris-Rome

course organisée par

Le Petit Journal

Vainqueur: Beaumont sur Blériot moteur Gnôme 50 c.

2e Garros sur Blériot

Cette course au lieu d'être organisée comme les précédentes par étapes, comportait seulement un certain nombre d'escales obligatoires, d'où les concurrents étaient libres de repartir aussitôt. Beaumont parvint ainsi à Rome en 82 h....

Circuit Européen.

organisé par LE JOURNAL

Vainqueur: Beaumont sur Blériot-Gnôme 50 c.

2e Garros sur Blériot-Gnome 50 c.

N.B. Il y avait eu 68 engagés et 41 partants.

Le circuit total de 1555 km de cette épreuve comportait 9 étapes réparties du 18 Juin au 7 Juillet
Le temps officiel de Beaumont fut 58h58.

Le Tour d'Angleterre ou des mille "Miles"

organisé par Daily Mail

Les 1600 km. du circuit, qui comportaient 5 sections, coupées par des arrêts obligatoires de 1? heures, furent couverts du 22 au 26 Juillet par le vainqueur Beaumont, sur Blériot-Gnôme 50 c. en 22h25.
2e Védrines, sur Morane-Borel en 23h34.

Le premier Hydravion est l'œuvre d'un Français Henri Fabre
qui dès le 21 Mars 1910
l'expérimenta avec succès près de Martigues

En 1912 le meeting
de Monaco permit
à l'Hydraviation
de prendre conscience
d'elle-même.

1er Prix
Fisher sur M. Farman
2e Prix
Renaux sur M. Farman
3e Prix
Toulhan sur Toulhan-Curtiss

Coupe Gordon Bennett
(Traçage, 1er Juin)
1er Védrines sur Deperdussin Gnôme 140c.
200 Km. en 1h 10

CIRCUIT d'ANJOU
Grand Prix de l'Aéro-Club
Garros vainqueur
sur Blériot, Gnôme 50c.
faisant seul malgré la tempête
les 16 et 17 Juin
7 fois le tour du circuit
soit 1101 Km. en 15h

Coupe Pommery
Plus grande distance en ligne droite
dans la même journée

Coupe Deutsch
(Circuit de Paris 190 Km.)
Vainqueur Hélen sur Nieuport
Gnôme 70c. en 1h 36

Garros
accomplit Tunis-Rome
(1000 Km. dont moitié au-dessus
de la mer)
Morane-Rhône 60c.

ROME
NAPLES

1er Semestre
Villacoublay-Biarritz
750 Km.
par Bedel
sur
Morane-Saulnier
Gnôme
50c.

4e Semestre
Valenciennes-Biarritz
852 Km.
par Daucourt
sur
Borel
Gnôme
50c.

Records de vitesse
Quelques dates, quelques noms

13 Janvier Védrines Deperdussin 145 à l'heure
Gnôme 140c.

24 d° Tabuteau Morane 200k en 54'
Gnôme 50c.

26 d° Bathiat Sommer 100k en 44'
Gnôme 70c.

5 juillet Legagneux Zens 100k en 48'
avec 1 passager, Gnôme 80c.

10 d° Frey Hanriot 100k en 44'
1 passager, Gnôme 80c.

13 d° Védrines Deperdussin 170 à l'heure
Gnôme 140c.

20 d° Legagneux Zens 136 à l'heure
1 passager, Gnôme 80c.

Records d'Altitude

Critérium de l'Aéro-Club
Vainqueur Géo Fourny
sur M. Farman Renault 70 C.
ayant couvert 1010 Km sans escale
en 13h 17 (record du monde.)

5610m
Garros
Morane-Saulnier
Gnôme 80c.

5450m

4900m
Garros
Blériot
Gnôme 80c.

6 7bre   19 7bre   11 Xbre

Une année où l'on va sans cesse de prouesse en prouesse
Quelques unes de ces prouesses

Paris-Varsovie dans la même journée
par **Brindejonc des Moulinais**
Le 10 Juin de 3h55 à 17h55
avec 2 escales seulement,
et de là,
toujours sur le même
Morane-Saulnier,
moteur Gnôme 80 Cv.
continuation d'un prodigieux
Circuit des Capitales
Paris: 10 Juin - 2 Juillet

Un aviateur ose voler la tête en bas. **Pégoud.**
avec Blériot-Rhône 80 Cv.

Antérieurement

Entre autres:
le 24 Avril
Gilbert
sur Morane-Rhône 80c
fait Paris-Vittoria (Espagne)
en un seul vol 1825 Km.
et
termine sa journée
à Médina del Campo
ayant parcouru
1046 Km.

Le 2 Août
il atteint de même
Cacerès (Espagne)
ayant fait 1300 Km.
en un jour.
à Monaco
Coupe Jacques Schneider
d'Hydraviation
gagnée par **Prévost**
sur Deperdussin Gnome 160.

L'immortel exploit de Garros — la Méditerranée traversée le 23 Septembre 1913

Parti à 5h50 du matin de St Raphaël, **Garros**
sur Morane, moteur Gnôme 60 Cv, en un seul bond
de 760 Km, ayant dédaigné toute escale, en
Corse et en Sardaigne, était à Bizerte à 13h 40.

Postérieurement

Entre autres
200 Km. à l'heure le 29 7bre
par Maurice **Prévost**
gagnant la coupe G. Bennett
sur Deperdussin.
Gnôme 140 Cv.

Paris Lubeck fut fait (1100 Km)
en 5 heures par **Gilbert**
sur Deperdussin à 200 km à l'heure.

La Coupe Michelin gagnée
par **Hélen** sur Nieuport après
une ronde de 1650 Km. entre
le 2 Octobre et le 29 Novembre.

Nancy-Le Caire par **Védrines**
du 20 9bre au 29 Xbre
6.000 Km. en 10 étapes.

Enfin, en Indo-Chine, Marc **Pourpe** s'illustra
par quantités d'extraordinaires prouesses notamment
Lang-Son-Bac-Tinh par les gorges de Than-Moï.

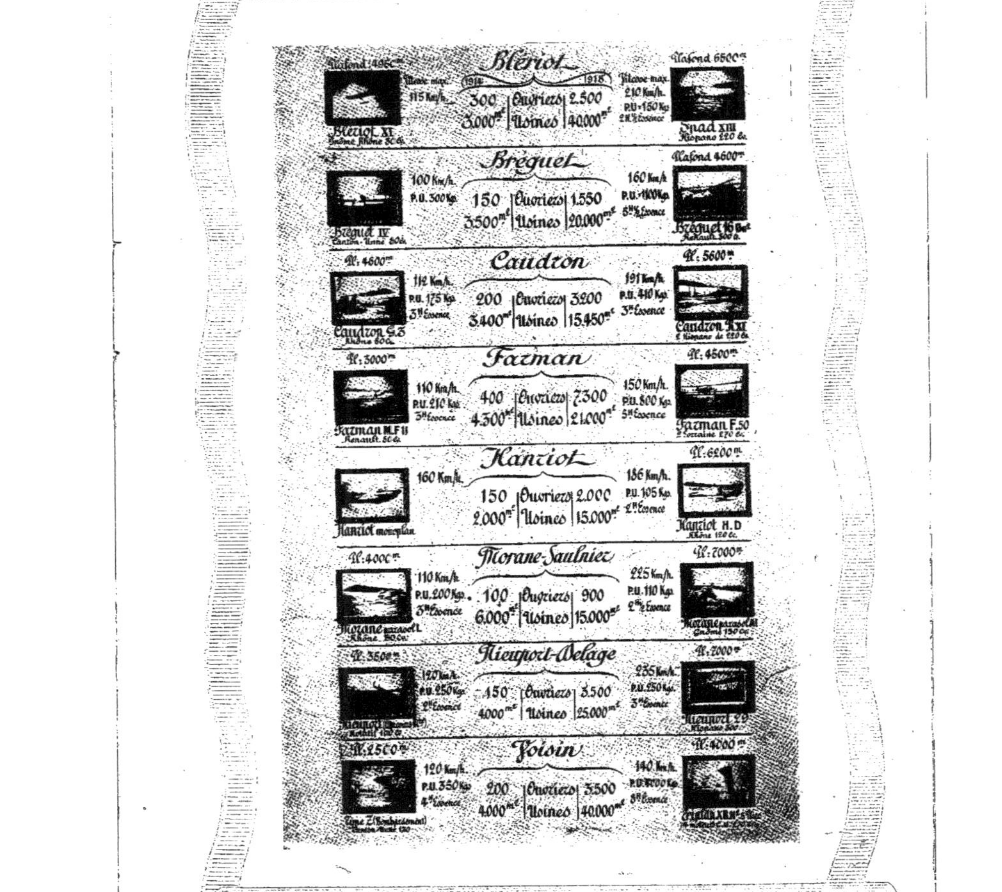

1914-1918 les progrès accomplis en fait d'avions.
Blériot
Plafond 6500
Spad XIII
300 Ouvriers 2.500
3.000 Usines 40.000
Bréguet
150 Ouvriers 1.550
3.500 Usines 20.000
Cauldron
200 Ouvriers 3200
3.400 Usines 15.450
Farman
400 Ouvriers 7.300
4.300 Usines 21.000
Hanriot
150 Ouvriers 2.000
2.000 Usines 15.000
Morane-Saulnier
100 Ouvriers 900
6.000 Usines 15.000
Nieuport-Delage
450 Ouvriers 3.500
4.000 Usines 25.000
Voisin
200 Ouvriers 3.500
4.000 Usines 40.000

GUYNEMER

Mort au Champ d'Honneur le 11 7bre 1917

« Héros légendaire tombé en plein ciel de gloire, après trois ans de lutte ardente, restera le plus pur symbole des qualités de la race indomptable et farouche, de courage sublime, épris de la foi la plus inébranlable dans la victoire, tel que le soldat français en conservera impérissable qu'il exaltera l'aspiration la plus noble et la plus… »

Celui qui incarne tous les Héros tombés au Champ d'Honneur.

Les aviateurs As, tombés au Champ d'Honneur

S/L Boyau
S/L Coiffard
S/L Dorme
S/L Guérin
S/L Chaput
S/L Demeuldre
Adj Lenoir
Adj Montrion
S/L Ouette

GUYNEMER

Et voici les plus célèbres des As à l'armistice:

C^ne FONCK
Lt NUNGESSER
C^ne MADON
S/L BOURJADE
C^dt PINSARD
S/L HAEGELEN

S/L Marinovitch	S/L Ehrlich	C^ne d'Argueeff	S/L Ambrogi	S/L Casale
C^ne Hentiaux	C^ne de Slade	C^ne de Turenne	Adj Garaud	S/L Nasazze
C^ne Douillin	Lt de Romanet	Lt Sardier	S/L Nogues	S/L Daladier

Quelques exemples seulement pour ... les progrès accomplis en fait de moteurs.

D'abord le 26 Janvier,
La Méditerranée franchie 2 fois en 24 heures par Coli et Roget
sur Bréguet XIV moteur Renault 300 Cv.

Une 2e superbe envolée
de
Roget et Coli
sur Bréguet XIV
Villacoublay-Kénitza
le 24 Mai en 13h

Puis : Une course au record d'altitude

7 Mai. Sadi-Lecointe 7375m sur Spad xx Hispano 300 cv
9 d.   —   d.   — 8155m   —   d.   —
19 d.   —   d.   — 8585m   —   d.   —
28 d. Jean Casale 9125m   Nieuport 29 Hispano 300
7 Juin —   d.   — 9250m   —   d.   —
14 d.   —   d.   — 9520m   —   d.   —

L'Épopée du Goliath
appareil Farman bimoteur Salmson

Paris au Sénégal
avec 8 personnes à bord

Paris-Casablanca
en un seul vol

Départ
en pleine nuit
de Toulouse
le 11 Août
à 0h5

Arrivée le jour même
à Casablanca

Puis Casablanca-Mogador et nouveau départ vers le Sud

Alors plus de nouvelles. Une semaine d'attente angoissée. Des indigènes partis à sa recherche relèvent enfin l'équipage sain et sauf. Le Goliath avait été détruit par les flots à la suite d'un atterrissage sur une plage en pente, lors de la marée montante, à Ikrifa, en plein désert. Les passagers avaient dû distiller de l'eau avec un alambic de fortune pour ne pas mourir de soif.

PARIS-LE CAIRE	**La Coupe Deutsch**	**PARIS-MOUNMEN** (Birmanie)
par étapes par le Ct Guillemin et Lt Dagneaux sur Bréguet 16 Bn2	gagnée par Sadi-Lecointe sur Spad-Herbemont Hispano 300 Cv à 247 Km à l'heure	par Poulet et Benoist sur Caudron G IV moteur Rhône 80 Cv du 14 Octobre au 10 Décembre 12.000 Km

11 Août, Paris-Istres   750km
12   d. Istres-Naples   850km
13   d. Naples-Salonique   800km
14   d. Salonique-Constantinople 550km
16   d. Constantinople-le Caire 1300km

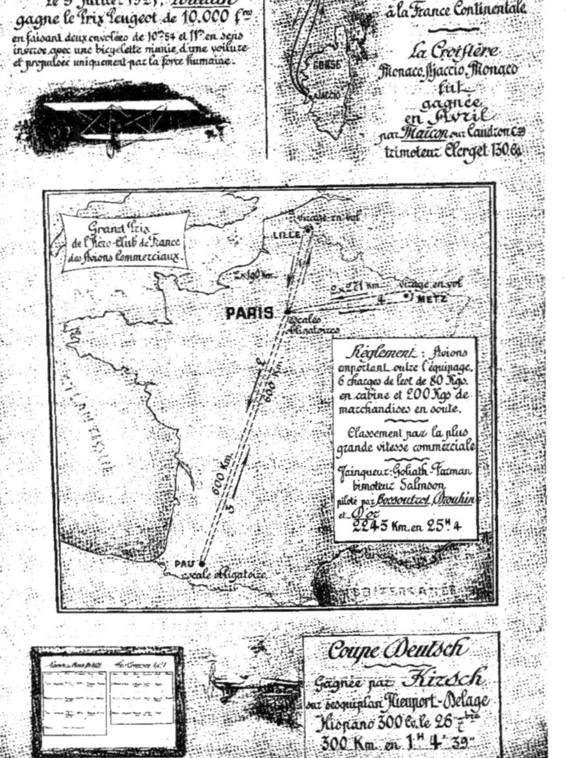
Pas de Grands Raids
Un amusant exploit sportif
Le 9 Juillet 1921, Poulain
gagne le Prix Peugeot de 10.000 frs
en faisant deux envolées de 10m54 et 11m en sens
inverse avec une bicyclette munie d'une voilure
et propulsée uniquement par la force humaine.
Prélude à la ligne Commerciale
reliant la Corse
à la France Continentale
La Croisière
Monaco, Ajaccio, Monaco
fut
gagnée
en Avril
par Maicon sur Caudron C3
trimoteur Clerget 130.6.
MONACO
CORSE
AJACCIO
Grand Prix
de l'Aéro-Club de France
des Avions Commerciaux
virage en vol
LILLE
2x100 Km.
2x221 Km. virage en vol
METZ
PARIS
escales obligatoires
600 Km.
3
600 Km.
PAU
escale obligatoire
OCÉAN ATLANTIQUE
MÉDITERRANÉE
Règlement : Avions
emportant outre l'équipage,
6 charges de lest de 80 Kgs.
en cabine et 200 Kgs de
marchandises en soute.
Classement par la plus
grande vitesse commerciale.
Vainqueur: Goliath Farman
bimoteur Salmson
piloté par Bossoutrot, Drouhin
et Dor
2245 Km. en 25h 4
Coupe Deutsch
gagnée par Kirsch
sur sesquiplan Nieuport-Delage
Hispano 300 Ce. le 26 7bre
300 Km. en 1h 4' 39"

Meeting de vol à voile de Combegram (Puy-de-Dôme)
Le monoplan tandem de Maneyrol
Que l'on ait pu en 1922 se laisser prendre à l'illusion secrète que le vol à voile, parce qu'il est un vol sans moteur, était la solution économique de l'avenir,
cela nous semble maintenant presque incroyable. Mais le vol à voile provoqua d'heureuses recherches aérodynamiques et nous valut surtout une meilleure connaissance des remous atmosphériques.
Maneyrol
Le 21 Octobre 1922 à Itford (Angleterre) battit en fait de vol à voile tous les records en tenant l'air 3 heures.
Le Premier Rallye Aérien des 104 au 104
Le dimanche 18 Juin, 34 avions emmenèrent 104 touristes à un déjeuner offert à l'Auberge du Bois joli par M. Laurent Eynac sous-secrétaire d'État.
Le premier voyage aérien commercial nocturne Paris-Londres-Paris
Il eut lieu le 1er Juin avec Goliath bimoteur piloté par Labouchère.
Le Grand Prix de l'Aéro-Club des Avions de transport
Circuit de 40 Km. à courir 15 fois par jour 2 jours de suite
PARIS DAMMARTIN COMPANS LE BOURGET
Vainqueur: Bossoutrot sur Farman 90 moteur Salmson 500 c, qui seul accomplit la course.
Coupe Deutsch
30 ème
Vainqueur: Lasne sur biplan Nieuport-Delage Hispano 300 c. 300 Km en 1h 2
Record de durée
Porté à 34h 19 le 7 Octobre par Bossoutrot et Drouhin sur Goliath bimoteur Renault 300

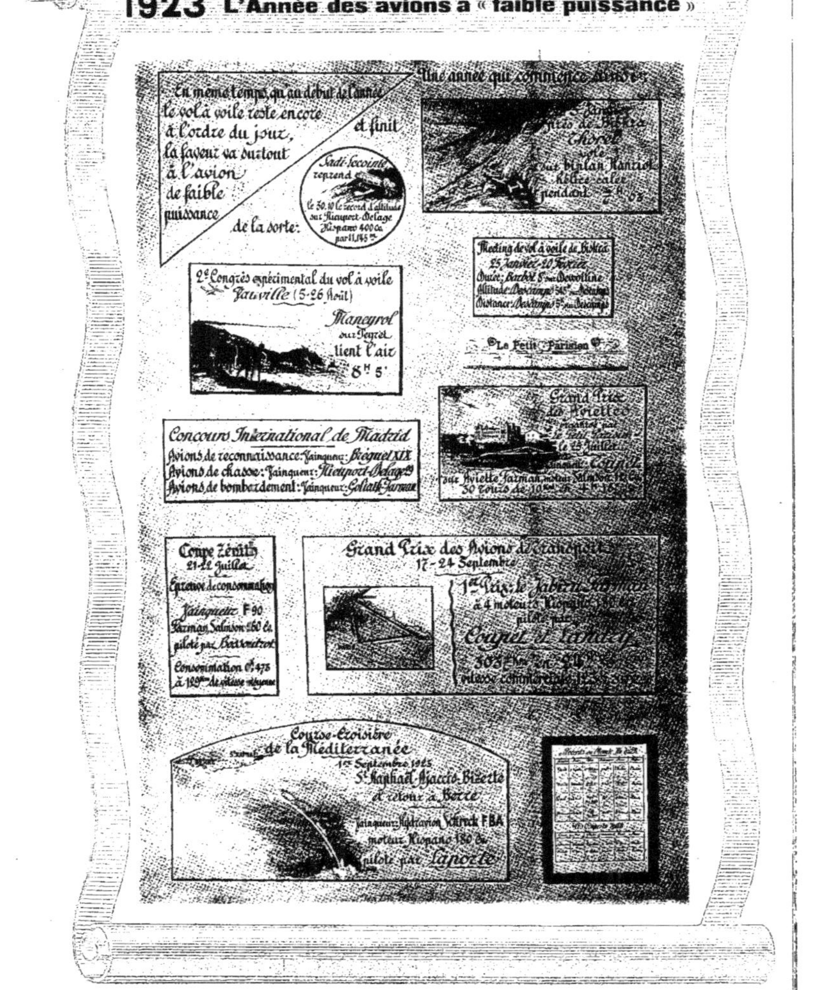
Une année qui commence ainsi...
En même temps, qu'au début de l'année le vol à voile reste encore à l'ordre du jour, la faveur va surtout à l'avion de faible puissance
et finit
de la sorte :
Sadi-Lecointe reprend le 30.10 le record d'altitude sur Nieuport-Delage Hispano 400 cv. par 11.145 m.
Meeting de vol à voile de Biskra 25 janvier - 10 février
Le Petit Parisien
2e Congrès expérimental du vol à voile Vauville (5-26 Août)
Maneyrol sur Peyret tient l'air 8h 5'
Concours International de Madrid
Avions de reconnaissance : vainqueur : Breguet XIX
Avions de chasse : vainqueur : Nieuport-Delage
Avions de bombardement : vainqueur : Goliath Farman
Coupe Zénith
21-22 Juillet
Épreuve de consommation
Vainqueur : F 90 Farman Salmson 260 C. piloté par Bossoutrot
Consommation 0.478 à 183 km de vitesse moyenne
Grand Prix des Avions de Transport
17-24 Septembre
1er Prix : le Jabiru-Farman à 4 moteurs Hispano piloté par Coupet et Lemaire
Course-Croisière de la Méditerranée
1er Septembre 1923
St Raphaël, Ajaccio, Bizerte et retour à Berre
vainqueur : hydravion Schreck F BA moteur Hispano 180 C. piloté par Laporte

1924 L'Année du raid Paris-Tokio

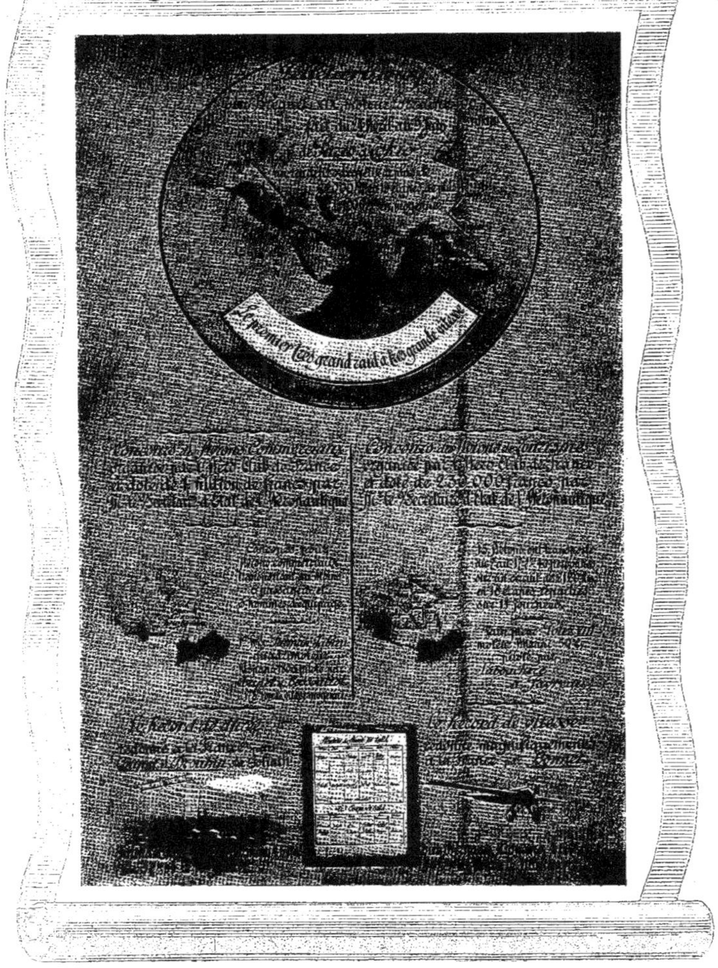

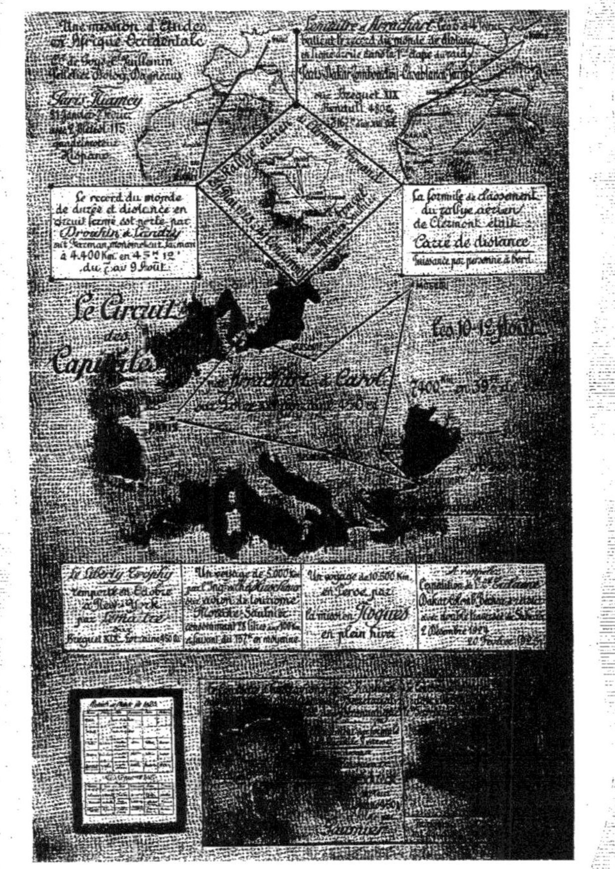

1926

La course au record de distance en ligne droite.
La première liaison France-Madagascar.

Les 2 Circuits des Capitales du Nord

Paris-Pékin en 7 jours ½ par Pelletier-Doisy

La Course au Record de Distance en ligne droite.

Les grands voyages en Afrique

PARIS

1927 L'Année de l'Atlantique

Parchemin peint, ainsi que les précédents, par Lapierre.

CE QUE FURENT LES RECORDS EN FIN DE CHAQUE ANNÉE

RECORD DE VITESSE PURE

Années	Dates	Pilotes	Nations	Performances	Avions	Moteurs
1909	28 Août	Blériot	France	76 km. 955	Blériot	E. N. V.
1910	29 Octobre	Leblanc	France	100 km. 756	Blériot	Gnôme
1911	21 Juin	Nieuport	France	133 km. 136	Nieuport	Gnôme
1912	9 Septembre	Védrines	France	174 km. 100	Deperdussin	Gnôme
1913	29 Septembre	Prévost	France	203 km. 850	Deperdussin	Gnôme
1914-19				*Sans homologation nouvelle*		
1920	12 Décembre	Sadi-Lecointe	France	313 km. 043	Nieuport-Delage	Hispano
1921	26 Septembre	Sadi-Lecointe	France	330 km. 275	Nieuport-Delage	Hispano
1922	13 Octobre	Général Mitchell	Amérique	358 km. 866	Curtiss	Curtiss
1923	4 Novembre	L. Williams	Amérique	429 km. 025	Curtiss	Curtiss
1924	11 Décembre	L. Bonnet	France	448 km. 171	Bernard	Hispano
1925				*Sans changement*		
1926				*Sans changement*		
1927	4 Novembre	De Bernardi	Italie	479 km. 200	Macchi 52	Fiat

RECORD D'ALTITUDE

Années	Dates	Pilotes	Nations	Performances	Avions	Moteurs
1909	1er Décembre	Latham	France	453 m.	Antoinette	Antoinette
1910	8 Décembre	Legagneux	France	3.100 m.	Blériot	Gnôme
1911	4 Septembre	Garros	France	3.910 m.	Blériot	Gnôme
1912	11 Décembre	Garros	France	5.610 m.	Morane-Saulnier	Gnôme
1913	28 Décembre	Legagneux	France	6.120 m.	Blériot	Gnôme
1914-19				*Sans homologation nouvelle*		
1920	27 Février	Schrœder	Amérique	10.093 m.	Lepère	Liberty
1921	18 Septembre	Mac Ready	Amérique	10.518 m.	Lepère	Liberty
1922				*Sans changement*		
1923	30 Octobre	Sadi-Lecointe	France	11.145 m.	Nieuport-Delage	Hispano
1924				*Sans changement*		
1925				*Sans changement*		
1926				*Sans changement*		
1927	25 Juillet	Champion	Amérique	11.710 m.	Wright	Pratt

RECORD DE DURÉE

Années	Dates	Pilotes	Nations	Performances	Avions	Moteurs
1909	3 Novembre	H. Farman	France	4 h. 17' 53"	H. Farman	Gnôme
1910	18 Décembre	H. Farman	France	8 h. 12' 47"	H. Farman	Gnôme
1911	1er Septembre	Fourny	France	11 h. 1' 29"	M. Farman	Renault
1912	11 Septembre	Fourny	France	13 h. 17' 57"	M. Farman	Renault
1913				*Sans changement*		
1914-19				*Sans homologation nouvelle*		
1920	3-4 Juin	Bossoutrot et Bernard	France	24 h. 19' 7"	Farman	2 moteurs Salmson
1921	29-30 Décembre	Stinson et Bertaud	Amérique	26 h. 19' 35"	Junkers	B. M. W.
1922	14-15 Octobre	Bossoutrot et Drouhin	France	34 h. 19' 7"	Farman	2 moteurs Renault
1923	16-17 Avril	Kelly et Mac Ready	Amérique	36 h. 4' 34"	Fokker T3	Liberty
1924	16-17 Juillet	Coupet et Drouhin	France	37 h. 59' 10"	Farman	Farman
1925	7-8-9 Août	Drouhin et Landry	France	45 h. 11' 59"	Farman	Farman
1926				*Sans changement*		
1927	3-4-5 Août	Ristico et Edzard	Allemagne	52 h. 22' 31"	Junkers W. 33	Junkers

RECORD DE DISTANCE EN CIRCUIT FERMÉ

Années	Dates	Pilotes	Nations	Performances	Avions	Moteurs
1909	4 Novembre	Farman	France	234 km. 212	H. Farman	Gnôme
1910	30 Décembre	Tabuteau	France	584 km. 745	M. Farman	Renault
1911	24 Décembre	Gobé	France	740 km. 299	Nieuport	Gnôme
1912	11 Septembre	Fourny	France	1.010 km. 900	M. Farman	Renault
1913	13 Octobre	Seguin	France	1.021 km. 200	H. Farman	Gnôme
1914-19				*Sans homologation nouvelle*		
1920	3-4 Juin	Bossoutrot et Bernard	France	1.915 km. 200	Farman	2 moteurs Salmson
1921				*Sans changement*		
1922				*Sans changement*		
1923	16-17 Avril	Kelly et M. Ready	Amérique	4.050 km. 000	Fokker T 2	Liberty
1924				*Sans changement*		
1925	7-8-9 Août	Drouhin et Landry	France	4.400 km. 000	Farman	Farman
1926				*Sans changement*		
1927	3-4-5 Août	Ristico et Edzard	Allemagne	4.660 km. 628	Junkers W. 33	Junkers

RECORD DE DISTANCE EN LIGNE DROITE SANS ESCALE

Années	Dates	Pilotes	Nations	Performances	Avions	Moteurs
1925	3-4 Février	Lemaître et Arrachart	France	3.166 km.	Bréguet XIX	Renault
1926	28-29 Octobre	Costes et Rignot	France	5.396 km.	Bréguet XIX	Hispano
1927	20-21 Mai	Lindberg	Amérique	5.809 km.	Ryan	Wright
1927	4-6 Juin	Chamberlin et Lévine	Amérique	6.294 km	Bellanca	Wright

RECORD DE VITESSE SUR 1.000 km. AVEC 1.000 kg. DE CHARGE UTILE

Années	Dates	Pilotes	Nations	Performances	Avions	Moteurs
1926	29 Juin	Mittelholzer et Zinsmaier	Suisse	161 km. 985	Dornier Mercure	B. M. W. 460
1927	8 Août	Wagner et Zinsmaier	Suisse	175 km. 600	Dornier Mercure	B. M. W. 500-600

À l'Étranger

Comme grands faits à grandes dates il convient de rappeler particulièrement :

Pays	Années	Dates	Les Faits
Amérique	1903	17 Décemb.	Premier vol au monde d'un aéroplane à moteur à explosion par les Wright
Amérique	1904	Septembre	Premiers virages par Orville Wright à Dayton
Amérique	1911	17 9bre - 3 Xbre	1re Traversée des États-Unis (New-York-Los-Angeles) par Rodgers sur Wright
Amérique	1919	16-17 Mai	Traversée de l'Atlantique en hydravion entre Terre-Neuve et Açores par Read
Angleterre	1919	14-15 Juin	Traversée de l'Atlantique entre Terre-Neuve à l'Irlande par Alcock
d°		12 9bre - 10 Xbre	Londres-Port-Darwin par Ross Smith sur Vickers-Vimy
Angleterre	1920	4 Fév - 20 Mars	Londres-Le Cap par Lt Col Van Ryneveld sur Vickers-Vimy
Italie		14 Fév - 1er Juin	Rome-Tokio par Ferrarin sur Ansaldo S.V.A
Portugal	1922	30 Mars - 15 Juin	Traversée de l'Atlantique du Sud via les Açores
Amérique	1923	2-3 Mai	Raid Atlantique-Pacifique sur Fokker par Mac Ready et Kelly
Amérique		17 Mars-28 9bre	Tour du monde par Smith, Wade, Nelson sur Liberty-Douglas
Italie		25 Juil-21 Août	de Pise en Islande par Locatelli sur Dornier Wal
Angleterre		25 Mars-5 Août	Angleterre à l'île Iceland par Mac Laren sur Vickers
Portugal	1924	2 Avril-20 Juin	Lisbonne-Macao par Brito Pais à de Beires sur Breguet
Pays-Bas		26 Juil-18 9bre	Amsterdam-Hanoi par Pedro Zanni sur Fokker
d°		1er Oct-25 9bre	Amsterdam-Batavia par Van den Hoop sur Fokker D.VII
Australie		6 Av-19 Mai	Tour de l'Australie en hydravion par Mac Intyre sur Fairey
d°		7 au 29 Août	Tour de l'Australie en avion par Jones sur De Havilland
Belgique		12 Fév-3 Avril	Bruxelles-Leopoldville par Thieffry à Roger sur Handley-Page
Norvège	1925	Mai-Juin	Voyage au Pôle Nord par Amundsen Riiser Larsen, Dietrichson
Italie		20 Août-7 9bre	Rome-Melbourne-Tokio-Rome par de Pinedo sur hydravion Savoia
Angleterre		16 Nov 1925 au 13 Mars 26	Londres-Le Cap et retour par Alan J. Cobham sur De Havilland
Espagne		22 Janv-10 Fév	Traversée de l'Atlantique Sud en hydravion par Franco sur Dornier Wal
Belgique		9 Mars-12 Avril	Bruxelles-Congo et retour par Medaets, Verhaegen, Coppens sur Breguet XIX
Danemark	1926	16 Mars-25 Juin	Copenhague-Tokio et retour par le Lt Botved sur Fokker
Espagne		5 Avril-13 Mai	Madrid-Manille par Gallarza à Lorriga sur Breguet XIX
Amérique		9 Mai 1926	Le Pôle Nord survolé par le Cdt Byrd... avion Fokker
Angleterre		30 Juin-1er Oct	Angleterre-Australie-Angleterre par Alan J. Cobham sur De Havilland
Pologne		27 Août-25 9bre	Varsovie-Tokio-Varsovie par le Cdt Orlinski sur Breguet XIX
Italie		8 Fév-16 Juin	De Pinedo en hydravion
Amérique		11 Mai	Le 1er vol New-York-Paris par Lindbergh sur avion Ryan
d°		4 Juin	Chamberlin à Levine sur avion Bellanca volent de New-York à Vesta (Sep)
d°	1927	28-29 Juin	Maitland à Hegenberger volent sans escale au dessus du Pacifique de San Francisco à Honolulu
d°		29 Juin	Le Cdt Byrd et ses compagnons Acosta, Balchen
d°		24 Août-14 9bre	de Détroit à Tokio par Brocke à Schlee
Hollande		1er Oct-23 Oct	Amsterdam-Batavia et retour par Koppen sur Fokker

ÉVOLUTION DE LA CONSTRUCTION

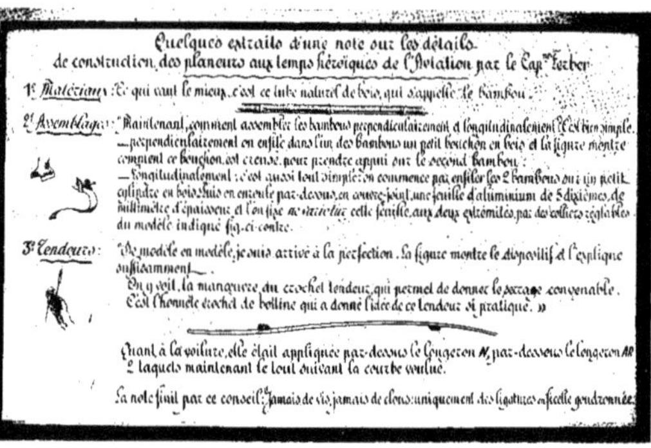

Quelques extraits d'une note sur les détails de construction des planeurs aux temps héroïques de l'Aviation par le Cap.ne Ferber

1° Matériaux : Ce qui vaut le mieux, c'est ce tube naturel de bois, qui s'appelle le bambou.

2° Assemblage : "Maintenant, comment assembler les bambous perpendiculairement et longitudinalement ? C'est bien simple.
— perpendiculairement on enfile dans l'un des bambous un petit bouchon en bois et la figure montre comment ce bouchon est creusé pour prendre appui sur le second bambou :
— longitudinalement : c'est aussi tout simple : on commence par enfiler les 2 bambous sur un petit cylindre en bois puis on enroule par-dessous, en couvre-joint, une feuille d'aluminium de 5 dixièmes de millimètre d'épaisseur et l'on fixe ne varietur cette feuille aux deux extrémités par des colliers réglables du modèle indiqué fig. ci-contre.

3° Tendeurs : "De modèle en modèle, je suis arrivé à la perfection. La figure montre le dispositif et l'explique suffisamment.
On y voit la manœuvre du crochet tendeur qui permet de donner le serrage convenable.
C'est l'honnête crochet de bottine qui a donné l'idée de ce tendeur si pratique. »

Quant à la voilure, elle était appliquée par-dessous le longeron AV, par-dessous le longeron AR
à laquels maintenant le tout suivant la courbe voulue.

La note finit par ce conseil : jamais de vis, jamais de clous : uniquement des ligatures en ficelle goudronnée.

Les «aéroplanes» furent à l'origine, nul ne le conteste, des appareils construits le plus souvent à l'aide de moyens tout à fait de fortune.

Rien, à notre avis, ne saurait montrer mieux le chemin parcouru depuis, que de rappeler d'abord exactement ce qu'on faisait il y a vingt ans.

Il y a vingt ans Ferber, c'est-à-dire un homme dont l'autorité technique était reconnue de tous, consacrait dans un ouvrage fameux sur l'Aviation quelques pages à des conseils de fabrication, dont nous donnons ci-contre quelques extraits.

Il y a vingt ans, dans un rudimentaire hangar, baptisé atelier parce que deux ouvriers menuisiers embauchés au village voisin y avaient amené un petit établi, un pot à colle et deux ou trois scies, rabots, serre-joints, ciseaux et gouges, Farman construisait son premier avion.

Peut-être rêvait-il déjà à son immense et magnifique usine actuelle !

Les plus grandes entreprises sont souvent celles qui naissent dans les berceaux les plus modestes.

Toujours est-il que le progrès ne se fit pas attendre.

Les planches qui suivent résument, en ce qui concerne la construction, l'histoire d'une évolution particulièrement riche en enseignements.

Il suffit de les parcourir pour voir que, dans nos grandes usines, progrès constructifs et progrès aérodynamiques ont été de pair, pour voir qu'il y a *une science des constructions aéronautiques*, qui *depuis des années et des années a fait ses preuves*, et que la France possède pour les genres les plus divers qui puissent être demandés, avions et hydravions de transport, de sport ou de tourisme, avions et hydravions militaires de reconnaissance, chasse ou bombardement, un choix sans pareil d'usines modernes, dont la longue spécialisation est le plus sûr garant de la qualité des appareils qu'elles fabriquent.

Diorama de Moiselet, Sculptures de Pavot.

APPAREILS DU DÉBUT

Stabilisateur à l'avant.

(A remarquer que ces tout premiers appareils comportaient déjà des pièces métalliques très étudiées)

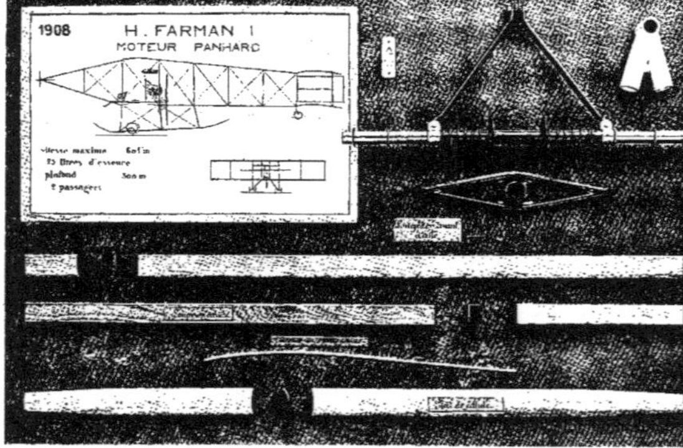

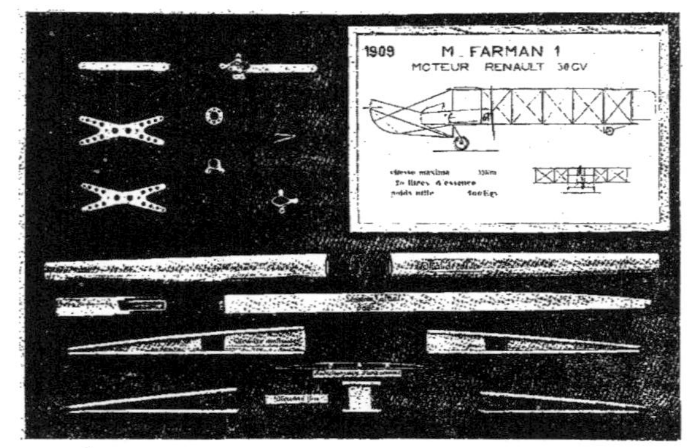

De "PEU AVANT GUERRE" à "PEU APRÈS GUERRE"

De la nacelle au fuselage moderne.

Le "Goliath", premier grand Avion de transport

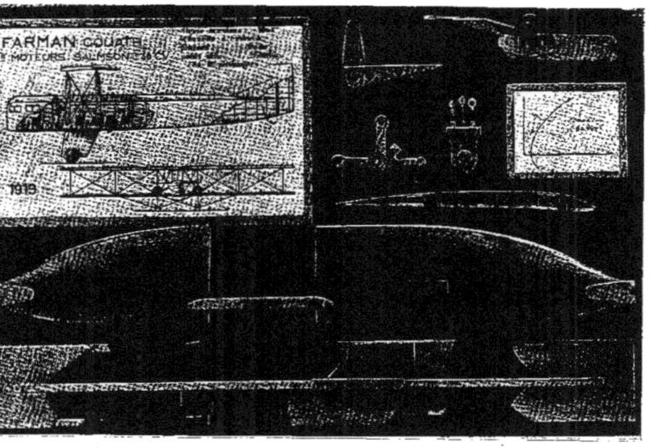

LES GRANDS AVIONS COMMERCIAUX RAPIDES

L'Avion Limousine, conduite intérieure, de 1928.

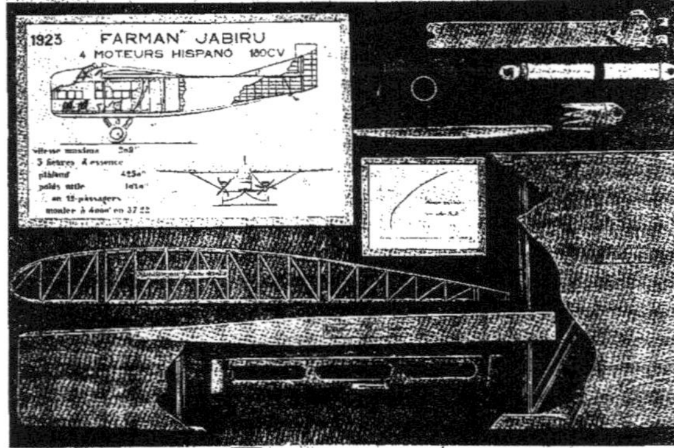

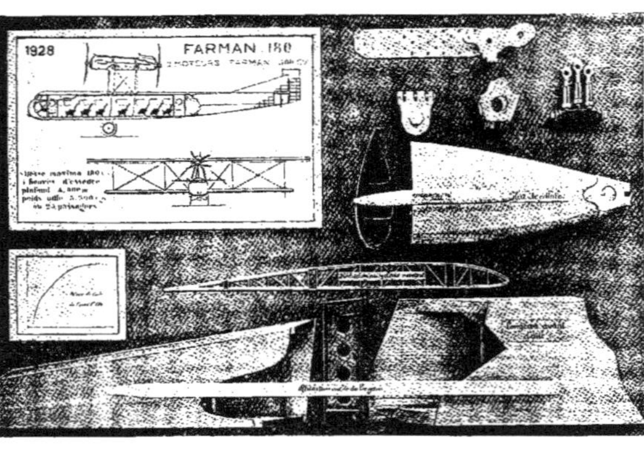

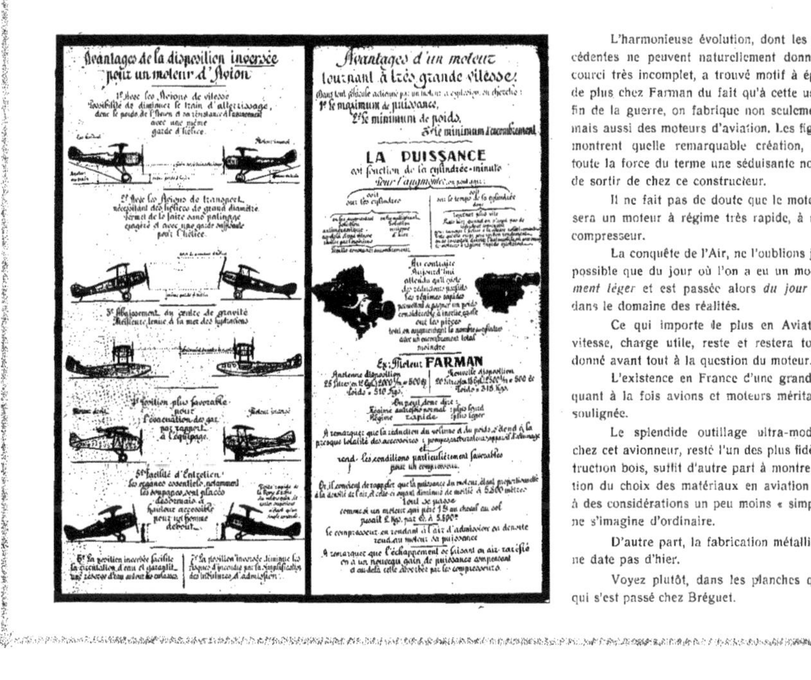

L'harmonieuse évolution, dont les planches précédentes ne peuvent naturellement donner qu'un raccourci très incomplet, a trouvé motif à épanouissement de plus chez Farman du fait qu'à cette usine, depuis la fin de la guerre, on fabrique non seulement des avions mais aussi des moteurs d'aviation. Les figures ci-contre montrent quelle remarquable création, qui est dans toute la force du terme une séduisante nouveauté, vient de sortir de chez ce constructeur.

Il ne fait pas de doute que le moteur de l'avenir sera un moteur à régime très rapide, à réducteur et à compresseur.

La conquête de l'Air, ne l'oublions jamais, n'a été possible que du jour où l'on a eu un moteur *suffisamment léger* et est passée alors *du jour au lendemain* dans le domaine des réalités.

Ce qui importe le plus en Aviation : sécurité, vitesse, charge utile, reste et restera toujours subordonné avant tout à la question du moteur.

L'existence en France d'une grande usine fabriquant à la fois avions et moteurs méritait donc d'être soulignée.

Le splendide outillage ultra-moderne existant chez cet avionneur, resté l'un des plus fidèles à la construction bois, suffit d'autre part à montrer que la question du choix des matériaux en aviation peut être liée à des considérations un peu moins « simplistes » qu'on ne s'imagine d'ordinaire.

D'autre part, la fabrication métallique chez nous ne date pas d'hier.

Voyez plutôt, dans les planches qui suivent, ce qui s'est passé chez Bréguet.

De " BEAUCOUP DE MÉTAL " dès le début
à " TOUJOURS PLUS DE MÉTAL "

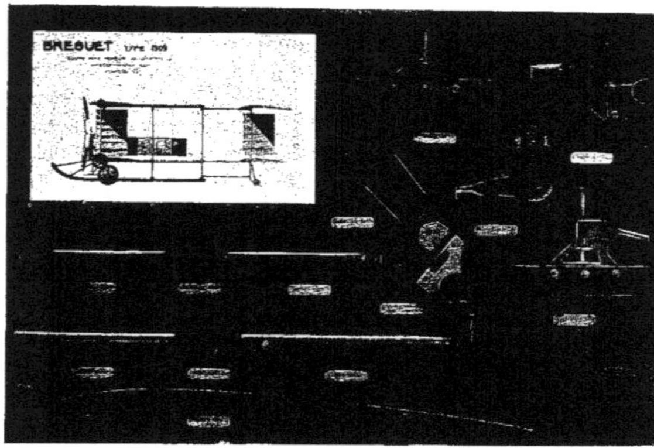

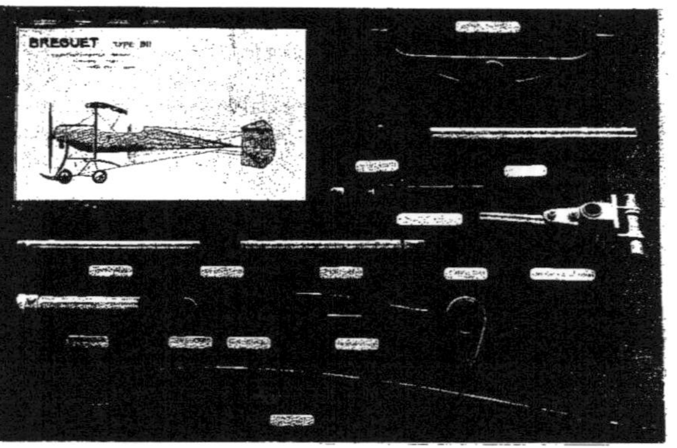

A remarquer : L'existence d'un *fuselage* dès 1911,
L'aile souple, le plan déflecteur de compensation,
Les recherches aérodynamiques sur les profils d'ailes.

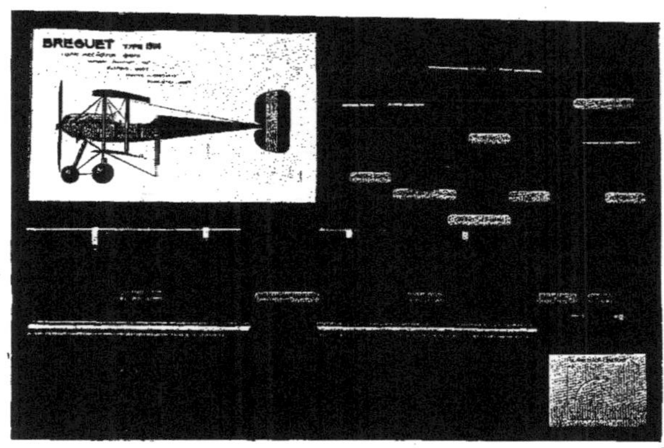

APPAREILS DE GUERRE

Le triomphe de la soudure autogène.

Première apparition du duralumin.

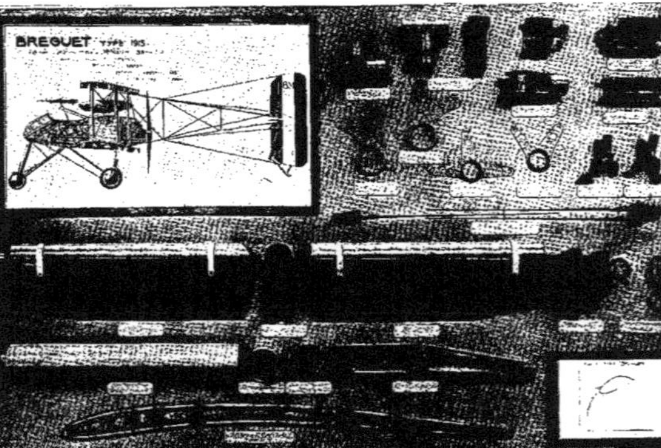

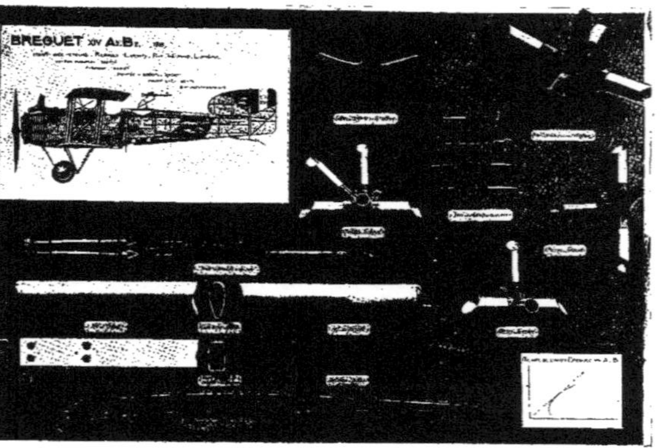

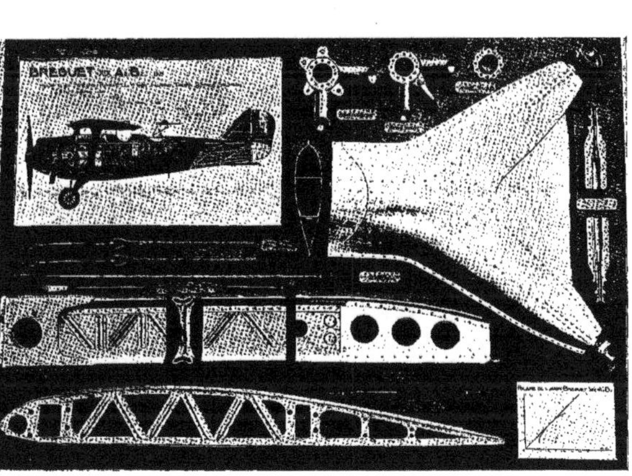

L'avion Bréguet XIX auquel nous aboutissons à cette page, est l'avion, dont le renom, né du raid fameux de Pelletier-Doisy, en 1924, n'a fait que grandir depuis, au fur et à mesure que se poursuivait une mise au point minutieuse, qui dès 1926 permettait une merveilleuse progression du record de distance en ligne droite et trouvait son apothéose, en 1927-28, dans le raid de Costes et Le Brix, dont nous avons rappelé plus haut la première partie.

Ce raid est encore tellement dans les mémoires, qu'il n'est point besoin d'en rappeler en détail les triomphales étapes. Mais ce qu'il convient de souligner, c'est que commencé par un coup d'éclat, *l'Atlantique Sud pour la première fois franchi d'un seul vol*, le 14 octobre 1927, il devait, après avoir atteint dès le 20 octobre Buenos-Ayres, son premier objectif, et s'être poursuivi pendant six mois à travers les deux Amériques, finir par un exploit dont il suffit pour mesurer toute la portée de se souvenir, qu'il avait fallu à Pelletier-Doisy dix-neuf étapes et plus d'un mois pour atteindre Tokio, dans son raid de 1924, qui fit l'admiration du monde entier, *alors que Costes et Le Brix revinrent de Tokio à Paris en six jours et demi.*

Le Bréguet XIX-Hispano 550, après plus de 50.000 kilomètres, loin d'être à bout de souffle, surpassait tout ce qui avait été fait jusqu'alors en fait de raid à grande vitesse et les centaines de milliers de visiteurs qui admirèrent l'appareil de Costes et Le Brix, exposé au Salon de l'Aéronautique, ont pu voir en quelle « forme » il se présentait après son formidable voyage.

Entre temps, Costes et Le Brix, toujours avec le même appareil, avaient fait « un tour d'honneur » à travers l'Europe ; ils firent comme en se jouant ces 8.000 kilomètres supplémentaires, coquet total pourtant, mais qui n'était rien pour eux et leur appareil.

APPAREILS DU DÉBUT ET D'AVANT-GUERRE

Avions de vitesse. Les Coques moulées d'une seule pièce.

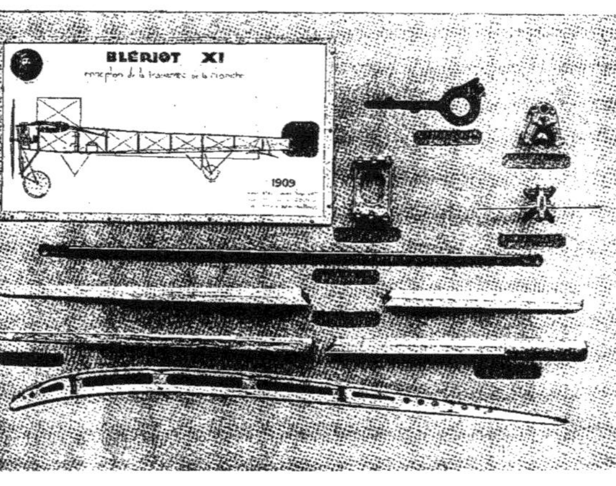

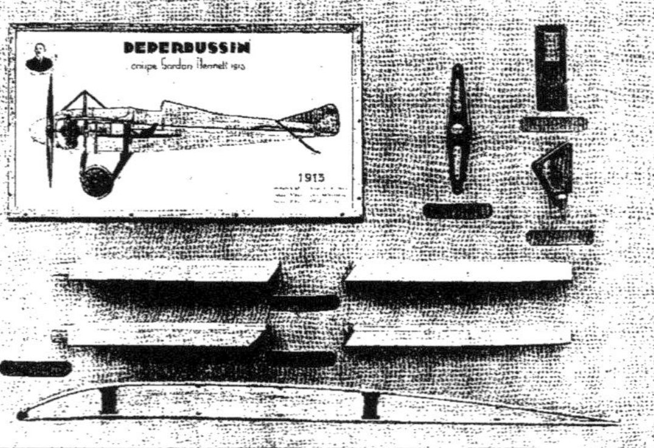

Le Spad 91 ''Jockey'', dont la vitesse au sol est 270 km et le plafond 8500^{m.}
Le merveilleux Blériot 127, multiplace de combat, qui fait 227 kmh et dont le champ de tir est total.

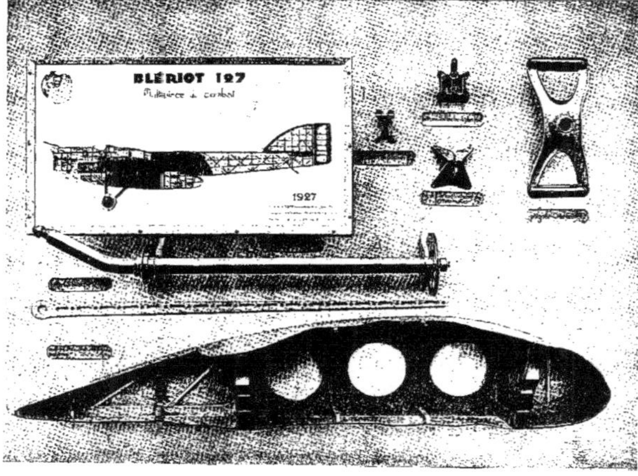

Réalisation, au Salon de l'Aéronautique, d'une « chaîne » d'usinage en grande série, des nervures métalliques Lioré et Olivier

Avion Lioré et Olivier Léo 20 Bn3 (196 kmh. ; PU = 2.554 kgs.)

Hydravion d'École et de Tourisme Léo H18, monomoteur Salmson 120 (170 kmh.)

Avion-Restaurant de transport Léo 21 (Vmax : 190 kmh. ; PU = 2.230 kgs.

Au Salon de 1928, pour la première fois, il a été donné au grand public de voir, au cours d'une Exposition, fabriquer réellement sous ses yeux et en grande série des éléments d'avions.

La nervure est l'élément-type d'un avion.

C'est celui qui a été choisi pour montrer que l'industrie aéronautique ne le cède en rien à l'industrie automobile pour la fabrication métallique en très grande série.

C'est ainsi que sont réalisées les nervures des avions Lioré et Olivier, notamment celles du grand avion de bombardement Léo 20 Bn 3 : Tronçonnage, assemblage, perçage, mise en place des rivets et rivetage sont les opérations élémentaires successives que réalisent des équipes d'ouvrières et ouvriers spécialisés, devant lesquels circulent sur rails les « montages » portant des nervures en cours de fabrication.

Ainsi est assurée la possibilité d'une production intensive avec le maximum de régularité et de sécurité.

Démonstration faite au Salon de l'Aéronautique de ce qu'est la construction Nieuport-Delage

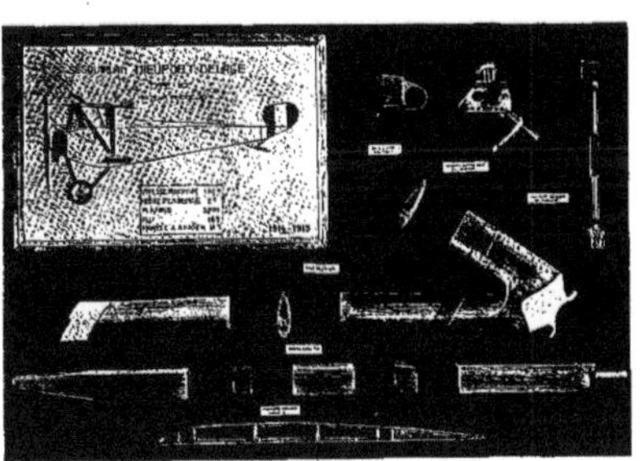

Le sesquiplan n'est pas né d'hier ni d'avant-hier, comme la vogue *récemment généralisée* de ce type a pu le faire croire. Il faut savoir que dès 1915 la formule du sesquiplan avait été inaugurée par Delage sur le Nieuport 10, dont les plans inférieurs n'avaient que 5 m² 30 contre 12 m² 85 aux plans supérieurs.

Le sesquiplan est autre chose d'ailleurs qu'un simple compromis, susceptible de faire l'union entre partisans naguère irréductibles du biplan et du monoplan.

Au vrai, chaque type garde, dans certains cas, ses avantages propres, mais très souvent c'est le sesquiplan qui est le plus séduisant, en offrant avec une envergure moyenne le maximum de surfaces portantes, sans interactions fâcheuses, tout en conservant un haubannage extrêmement simple.

Sesquiplans sont donc encore les derniers nés Nieuport-Delage et *doublement,* si on peut dire, car la cellule est constituée par une aile supérieure, deux petites ailes intermédiaires et le profilage de l'essieu, c'est-à-dire qu'on a réuni les dispositions

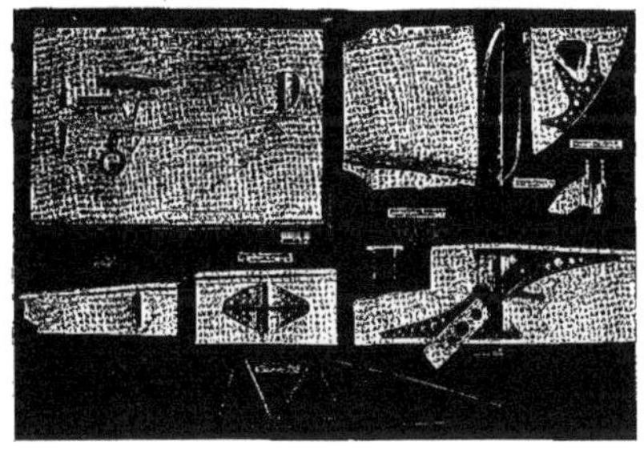

auxquelles conduit le sesquiplan, en partant d'une part du biplan, de l'autre du monoplan et l'on a de la sorte une somme d'avantages tout à fait remarquable.

Ces appareils sont, au gré de l'acheteur, avec nervures bois ou métal, avec revêtement toile ou métallique.

Ils possèdent une coque, qui est en tulipier moulé, ainsi que l'empennage dans le type 62 et entièrement métallique dans le type 72.

Le 62, dont la vitesse au sol est 268 kmh. et dont le plafond dépasse 8.000 mètres, est surtout destiné à la chasse aux hautes altitudes. Son frère junior le 72, donne à volonté suivant l'équipement adopté et très aisément, soit les performances du type précédent, soit celles du type " Jockey ".

Et ce Jockey n'a pas que des qualités de *pur sang*; il a montré tout récemment sa valeur comme *fond* (rayon d'action 2.000 km.), en réalisant une performance hors série absolument remarquable pour un avion de ce type : Constantinople à Paris fait dans la journée, avec une seule escale à Vienne, pour le Rallye de Vincennes, à 232 km. de moyenne.

LE SALON D'HONNEUR DU GRAND PALAIS TRANSFORMÉ EN HALL D'USINE (vue arrière)
Cires de la Maison Seslac

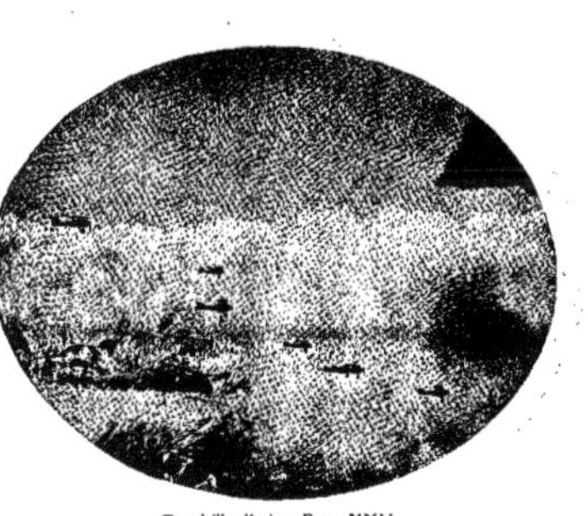

Escadrille d'avions Potez XXV

Le Salon d'honneur du Grand-Palais avait été transformé pour l'Exposition de la Direction Générale de l'Aéronautique en un gigantesque hall, aux très modernes et élégantes colonnes, véritable hall d'usine qui, pendant toute la durée du Salon, fut en pleine activité.

Ouvriers et ouvrières, devant la foule attentive, fabriquaient des pièces et même une démonstration totale de ce qu'est une fabrication d'avion avait été faite, démonstration partant du choix de la matière première pour aller jusqu'au réglage final de la cellule.

L'avion choisi pour cette démonstration d'ensemble fut le *Potez XXV*, qui appartient au type de construction dite « mixte », laquelle mérite d'être mieux connue.

Certains théoriciens ayant décrété, d'une manière qui aurait voulu être définitive, que le progrès des constructions d'aviation est lié à une loi inéluctable, qui veut que partout peu à peu le métal remplace le bois il était nécessaire de montrer à ceux qui font confiance à la fabrication française mixte, que ceux de nos constructeurs qui continuent à fabriquer en bois *certaines pièces*, ne le font nullement par esprit de routine, mais parce qu'*ils estiment que pour ces pièces* la solution bois conserve *à l'heure actuelle* assez d'avantages pour être *choisie*. Autrement dit, dans la construction mixte le choix des matériaux *n'est pas une question de doctrine*, mais, *pour chaque pièce*, la *conclusion* d'un examen approfondi par le bureau d'études.

On ne fait en métal ni les raquettes des joueurs de tennis, ni les fines cannes destinées à la pêche au lancer et pas davantage les skis dans les pays de neige (pour les faire assez légers, il faudrait une telle minceur de métal, qu'ils n'auraient aucun tenue à l'usage). Il y a moins d'écart peut-être entre la fabrication de ces « petites choses » et celle des éléments d'un avion, qu'entre ceux-ci et les éléments constitutifs d'une maison de 8 étages ou d'un transatlantique.

D'autre part, une légende devait être détruite, à savoir que le bois ne se prête pas à une construction bien précise. C'est uniquement affaire d'outillage, gabarits et montages appropriés. L'importance et la perfection de ceux qui ont été mis sous les yeux des visiteurs au Salon de Paris ont apporté la preuve que le bois pouvait être usiné aussi scientifiquement que le métal.

Entre le « tout bois » et le « tout métal » la fabrication « mixte » mérite d'être appréciée au point de vue *constructif*, comme l'est au point de vue *aérodynamique*, entre le biplan et le monoplan la formule du « *sesquiplan* ».

Nous estimons d'ailleurs qu'un avion ne doit jamais être jugé que par ses *performances* et ses *qualités en service*, et nullement par les *conceptions constructives ou autres*, dont il découle.

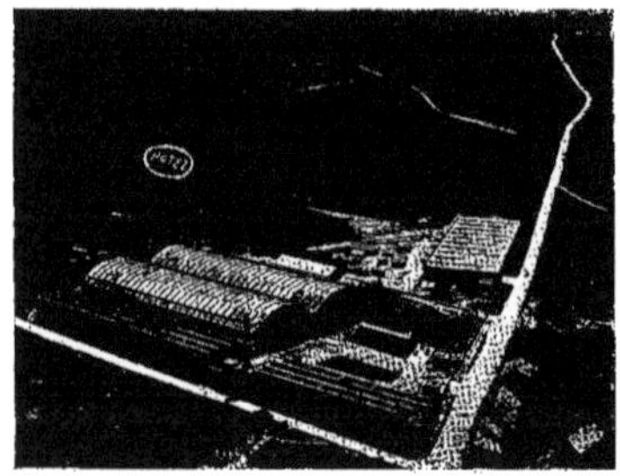

L'usine Potez de Méaulte

Avions Potez XXV devant les hangars de l'aérodrome de Méaulte

La généralisation du Taylorisme a montré combien l'organisation rationnelle d'une usine était précieuse pour travailler, non seulement *vite*, mais « de bonne manière ».

A ce titre, il est particulièrement intéressant d'étudier le fonctionnement de la dernière construite de nos grandes usines d'aviation, l'usine Potez, réalisée de plus dans le but unique de faire des avions.

La figure ci-contre montre quel en est le schéma centralisateur, auquel obéit rigoureusement à l'intérieur de l'usine la circulation des matériaux, pièces détachées et ensembles, grâce à quoi les ateliers de montage reçoivent automatiquement *à l'instant qu'il faut les éléments qu'il faut* et *uniquement des éléments contrôlés*.

Les deux grands courants alimentant une fabrication mixte, pièces détachées bois, pièces détachées métal, ont naturellement chacun leur contrôle propre avant que soient montés les éléments, qui donnent lieu à un contrôle d'ensemble. On ne saurait trop proclamer que l'organisation rationnelle du contrôle est le plus sûr garant de la qualité d'une fabrication.

Dans une usine moderne les procédés d'usinage ne sont pas laissés à l'appréciation de l'ouvrier, mais *réglementés* par un organe très important, le « *bureau d'études de fabrication* » qu'il ne faut pas confondre avec le « *bureau d'études générales* », lequel est un organe de *conception*, alors que l'autre est un organe d'*exécution*.

Le bureau d'études.

Dans une usine, comme celle de Méaulte, de tels bureaux sont installés dans des locaux éclairés et outillés de manière à mettre les ingénieurs-dessinateurs dans les conditions permettant d'atteindre le maximum de précision pour toutes les déterminations graphiques.

Le *bureau d'études* proprement dit est, il faut bien le savoir, un des rouages les plus importants de l'usine.

Il a la lourde tâche d'étudier les prototypes et de perfectionner sans cesse ce qui existe.

Il est en quelque sorte le premier *pôle* de toute usine d'aviation, le deuxième étant constitué par l'*aérodrome*, indispensable pour la mise au point des prototypes et le *contrôle en vol* des appareils de série.

A l'usine Potez cet aérodrome est aux portes mêmes des ateliers de montage et comporte de très vastes hangars pour le stockage avant livraison des appareils terminés.

L'ensemble des bâtiments couverts, qui comportent notamment deux magnifiques halls de montage de 30 m. $\times$ 100 m., atteint 17.000 m². et la surface totale de l'usine et de ses dépendances ne représente pas moins de 40 hectares.

Ce sont là des nombres, qu'il est intéressant de connaître, pour se faire une idée, les usines nées de la guerre ne le permettant pas *a priori*, de ce qui est nécessaire actuellement à toute usine d'aviation pour une production normale de 1 à 5 appareils par jour.

L'avion Potez XXV, Vmax : 238 kmh. Montée à 5.000 m 18' PU. = 600 kgs.

Le Potez limousine. Vmax 190 kmh, PU = 600. Rayon d'action 800 km.

A gauche : Fabrication des nervures. — A droite : Fabrication des longerons. Pièces détachées. Gabarits. Vérificateurs.

LE LONGERON D'AILE DU POTEZ 25

VOICI:

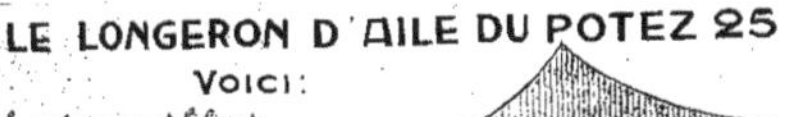

Le bois stocké, longuement à l'avance, en d'immenses hangars, judicieusement aérés, où ses qualités ne font que croître par le temps et où existe toujours une importante réserve ayant très largement atteint le degré de dessication indispensable, fait l'objet, avons-nous dit, d'un usinage conduit aussi scientifiquement qu'il est possible de le faire pour le métal.

A titre d'exemple nous montrons ci-contre à quel point d'accord absolu de la construction avec le calcul peut être réalisé dans cette pièce essentielle qu'est le longeron et cela avec une *simplicité de moyens* qui saute aux yeux des moins avertis, tout en contentant les plus *sévères exigences* techniques qui puissent être formulées.

D'une part en effet les épaisseurs des semelles des longerons ont été calculées d'après *la courbe des moments fléchissants*, de manière à ce qu'en chaque point la résistance soit rigoureusement proportionnelle à la résistance qu'assure la pièce. Et d'autre part ces épaisseurs sont automatiquement et rigoureusement données aux semelles, préalablement ébauchées à la scie, quand on les toupille dans de grands calibres d'acier, dont l'outil suit exactement le profil.

Non moins simple et précise est la fabrication des *nervures*, où les âmes en contre-plaqué après sciage de dégrossissage sont toupillées avec guide suivant la semelle d'acier d'un calibre qui assure une rigoureuse interchangeabilité. Le montage se fait sur un tambour tournant formant gabarit, en sorte que collage et clouage des baguettes de raidissage deviennent opérations aussi rapides que précises.

Chaque pièce enfin, si précis qu'ait été l'usinage, passe au contrôle aussitôt finition.

Puis viennent les opérations habituelles de montage, entoilage, lardage et enduisage des ailes, toutes opérations qui sont faites avec un soin minutieux, dont on peut juger notamment par l'utilisation de *mâchoires spéciales*, pour maintenir les nervures, *sans déformation possible*, lors de leur enfilage sur les longerons.

Suite de l'usinage « bois ». Contrôle. Montage des ailes. Entoilage. Lardage.

Tours, presses à découper et emboutir, grignoteuses, riveteuses électriques et pneumatiques ; collections d'outils ; collections de pièces.

En métal sont faits dans la fabrication mixte les *nœuds d'assemblage*, mâts, entretoises, bâtis moteurs, atterrisseurs, et plus généralement toutes pièces pour lesquelles la solution métal est possible *en épaisseur non extra-mince* (une oxydation *superficielle* éventuelle n'affaiblissant guère une pièce que dans ce cas), *l'essentiel* étant de concilier à la fois *robustesse*, *légèreté* et *simplicité*, sans oublier dans la mesure du possible la *facilité de réparation* pour les ensembles.

Ces quatre desiderata, après avoir guidé l'ingénieur dans le choix des matériaux, ne le guident pas moins dans le choix des moyens de réalisation et lui font préférer par exemple pour les ferrures les assemblages par rivetage d'éléments simplement découpés dans des *tôles* ou *cornières* ou tronçonnés dans des *profilés standards*.

On ne saurait en particulier trop insister sur la qualité simplicité. Ce qui est simple après s'être prêté le plus aisément aux modifications qu'a pu demander la mise au point d'un prototype, avec le minimum de frais et de temps donne tout naturellement pour la série une probabilité de perfection atteignant la certitude.

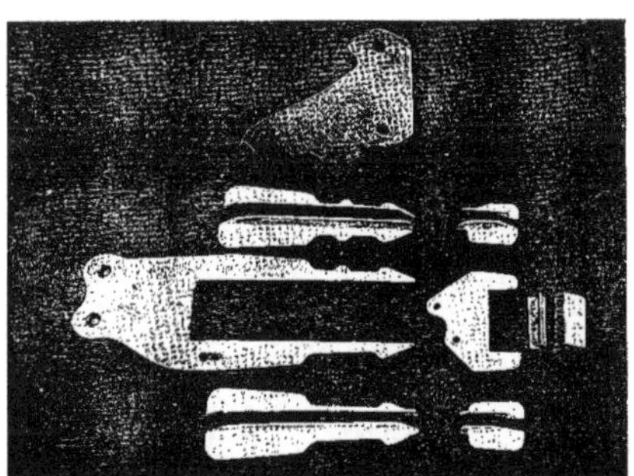

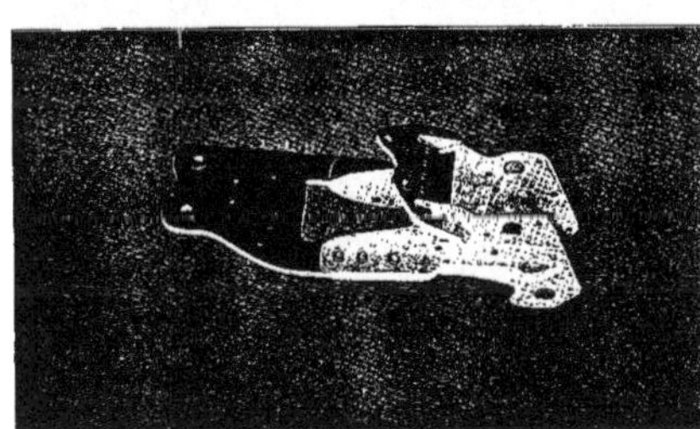

Nœud d'attache du Potez XXV et ses éléments constitutifs.

Ferrure d'attache de l'aile supérieure portée par le plan central

Ferrure d'attache de l'aile inférieure portée par le longeron de fuselage

Montage des fuselages aux Usines Potez

La fabrication mixte se prête, aussi bien que la fabrication métallique, aux *chaînes* de montage et celle des fuselages notamment avait été reconstituée au Salon de l'Aéronautique à peu près telle qu'elle existe aux usines Potez.

Une *chaîne* bien conçue ne consiste pas d'ailleurs en une suite *interminable* de postes, spécialisés chacun dans une opération *unique*, mais dans un *sériage* logique d'opérations *élémentaires* susceptibles d'être effectuées *en même temps*, en groupe et sensiblement dans le même temps, par des groupes d'ouvriers ne se gênant pas mutuellement.

A remarquer que sur ces fuselages le *cadre avant* peut recevoir, par la simple apposition de quatre axes, n'importe quel *groupe moteur* désirable, des bâtis moteurs immédiatement et rigoureusement adaptables ayant été réalisés pour le Potez XXV pour tous les moteurs actuels de puissance appropriée. Le moteur est monté à l'avance sur son bâti, avec le radiateur, les tuyauteries et tous les accessoires. Le changement d'un groupe moteur ne demande ainsi que quelques minutes.

Quand à la *cellule*, elle se monte, en série également, par une suite très simple d'opérations élémentaires : 1° Pose du plan central : 2° Accrochage des ailes supérieures, des mâts et haubans; 3° Accrochage des ailes inférieures ; 4° Réglage de la cellule à l'aide des haubans et embouts réglables des mâts.

Des échafaudages portatifs, spécialement étudiés, permettent de faire toutes ces opérations dans les meilleures conditions de commodité, célérité et précision.

L'atterrisseur mérite une mention spéciale. D'abord, il suffit de 4 boulons pour le mettre en place.

Ensuite et surtout, il comporte un dispositif amortisseur perfectionné, dont la figure ci-contre indique les avantages.

Or, on sait combien il est important de ne négliger aucun détail relatif à l'atterrissage.

Rien de plus simple d'autre part que *d'aménager* dans la construction mixte un avion *au gré de* l'utilisateur.

Il faut savoir enfin que, *grâce aux vernis protecteurs que l'on possède maintenant*, la conservation des éléments divers, que l'on peut fabriquer en bois, ne laisse rien à désirer.

Aussi dirons-nous pour conclure, que si l'industrie aéronautique française garde, en *belle place*, la construction mixte, c'est que cette construction mérite d'être *à cette place*.

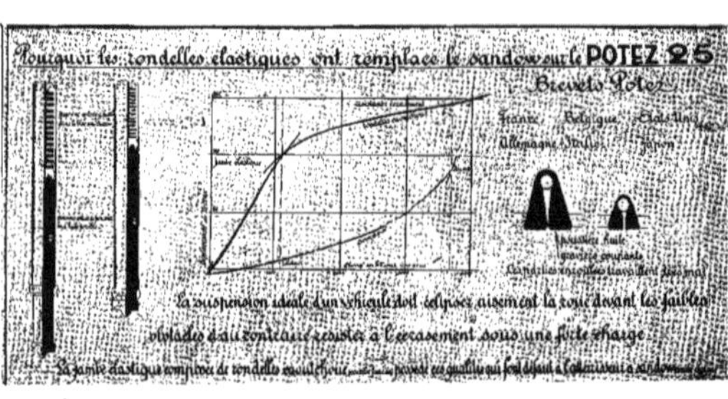

Train d'atterrissage du Potez XXV

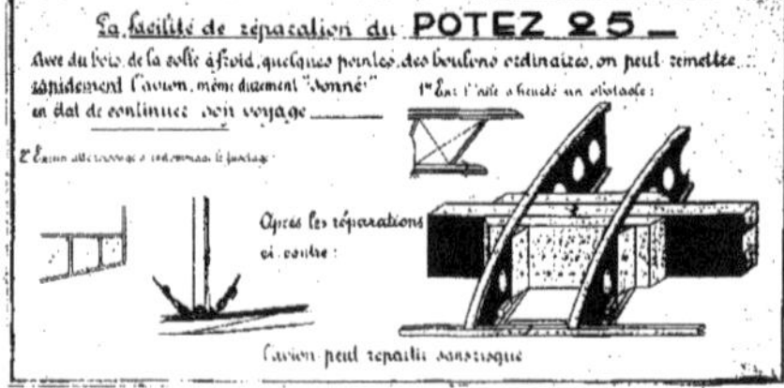

Iº RENAULT

Diorama de Fournery, Azam et Cie.

Qu'une usine, qui est comme Renault l'une des plus importantes de France, se soit spécialisée dans la construction du moteur d'aviation, c'est pour ce produit le gage assuré que rien ne manquera de tout ce qui peut concourir à la perfection de l'usinage. Comment la fabrication pourrait-elle ne pas être régulière dans ces immenses ateliers, dotés du plus formidable outillage que l'on puisse désirer ?

Cela permet de faire partir l'usinage, non de produits semi-ouvrés, mais constamment de la matière brute, qui est forgée, estampée ou moulée, même quand il s'agit des plus grosses pièces, telles que vilebrequins et carters, à l'usine même, et naturellement les possibilités de travail en grande série sont, d'autre part, pratiquement illimitées.

Depuis le 50 CV, 8 cylindres, d'il y a vingt ans, Renault n'a pas créé moins de vingt moteurs, dont la puissance va jusqu'à 700 CV maintenant et il convient de ne pas oublier qu'il a fait des moteurs démultipliés depuis l'origine, que son 420, d'autre part, fut le vainqueur du concours de grande endurance.

Tout se fait à l'usine même, qu'il s'agisse d'une première
et capitale opération comme le matriçage d'une bielle...

...ou l'obtention par coulée d'un carter d'aluminium
en des moules particulièrement perfectionnés...

... L'ensemble des *machines à rectifier* est par ailleurs impressionnant ...
... la *soudure autogène* est faite en « série », scientifiquement ...

et même pour une opération accessoire, comme le perçage du support
de magnéto, toujours existent d'importants *outillages spéciaux*.

Le moteur Hispano et l'ensemble des phases de vérification auxquelles il donne lieu.

Dispositif d'un des « paliers » de l'ensemble précédent. (Les comparateurs optiques et les micros-gauges).

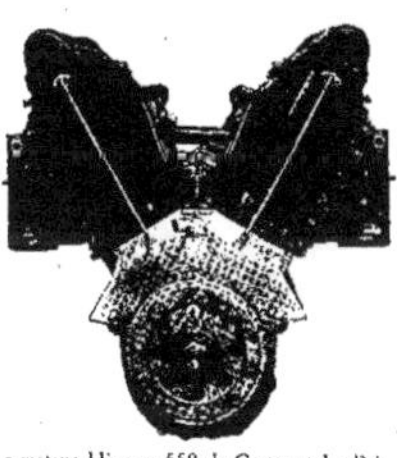

Le moteur Hispano 550 de Costes et Le Brix

Il faudrait des pages et des pages, rien que pour donner une sèche énumération de tous les appareils de vérification, par lesquels avant d'être montés passent les éléments d'un moteur Hispano.

Les vérificateurs *normaux* utilisés dans la fabrication de tout moteur sont d'ailleurs bien connus et nous faisons grâce au lecteur de tout ce qui concerne *tampons et bagues, calibres, mâchoires et cales*, fussent-elles au 1/1.000° et polies miroir, *balances et machines à équilibrer, jauges, micromètres et super-micromètres*.

Dans ce premier ordre d'instruments de précision nous signalons seulement l'utilisation des *micro-jauges Bartholdy*, spéciales pour la mesure des alésages des cylindres, pieds et têtes de bielles, les profondeurs de gorge de segments, portées des manetons et tourillons et pour la vérification de concentricité des vilebrequins.

Un grand nombre d'appareils de vérification sont d'ailleurs des créations d'Hispano, tels, pour les *soupapes*, l'appareil vérifiant *le trou d'allègement* et la *concentricité du taraudage avec la rectification extérieure* ; pour les *axes de piston*, une combinaison de 3 comparateurs pour vérifier la *concentricité et la cylindricité* ; pour les *arbres à cames* un appareil de vérification de *profil* par lecture directe ou comparative ; pour *les cylindres* un appareil pour la vérification de la *profondeur et du dressage des fonds*.

Que dire enfin des appareils *optiques* pour la vérification au 1/10.000° *de la concentricité des paliers de vilebrequin, d'arbres à cames et de guides de soupapes*.

Que dire des comparateurs optiques à *microscope* (Werner, Zeiss, Hartness) utilisés non seulement pour le contrôle des calibres, mais pour la *vérification des pas, profils et flans des filetages des champignons de soupape, vis de bielle, boulons d'assemblage de rallonge de vilebrequin*, et il existe même des *comparateurs optiques d'établi* (analogues aux précédents, mais par projection comparative avec un profil type pour tous les boulons d'assemblage et goujons).

Et c'est à cause de tout cela que dans le raid à jamais fameux de Costes et Le Brix leur moteur put tourner des mois et des mois sans une seule défaillance.

La mappemonde géante de 4 m de diamètre, qui au Salon de l'Aéronautique, au centre d'un gigantesque portique à la gloire de l'Aviation, tournait au fur et à mesure que s'éclairaient les étapes successives du raid de Costes et Le Brix, pour finalement s'ouvrir et montrer en son intérieur, transformé en écrin une élégante maquette de l'avion vainqueur, le Bréguet XIX supportant une maquette bijou du moteur Hispano 550 dont il était muni.

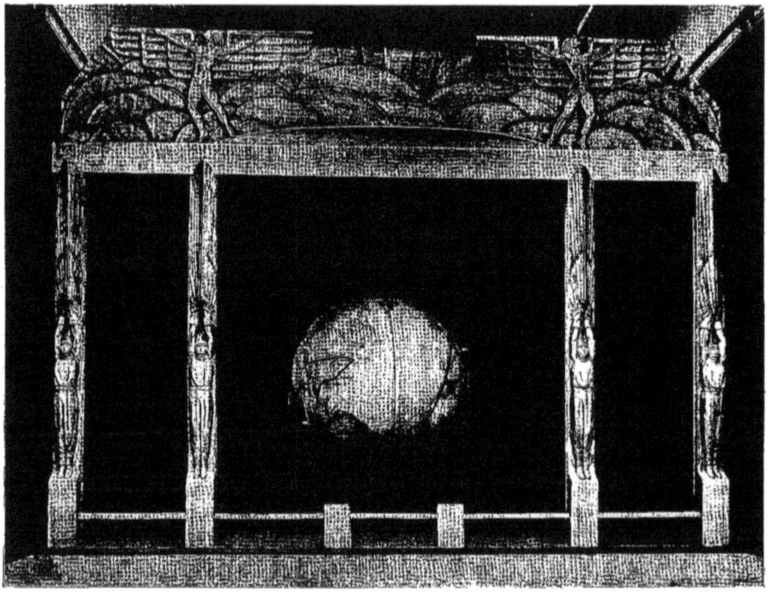

Portique réalisé et sculpté par Le Faguays.

Présentation de l'ensemble des lignes aériennes au Salon de l'Aéronautique.

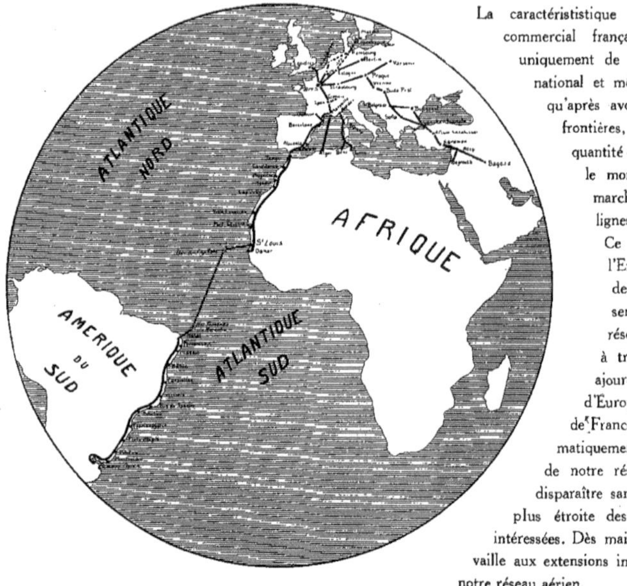

La caractérististique essentielle du réseau aérien commercial français est d'être formé presque uniquement de grandes lignes d'intérêt international et même *mondial*. Ce qui veut dire qu'après avoir, dès le début, franchi nos frontières, pour faciliter nos relations avec quantité de peuples voisins, c'est à travers le monde entier que notre Aviation marchande pousse maintenant ses lignes.

Ce caractère fut souligné à l'Exposition Officielle du Salon de l'Aéronautique par une présentation de l'ensemble de notre réseau sur une mappemonde vue à travers deux cartes successives ajourées, l'une de France, l'autre d'Europe. En vérité la carte ajourée de France n'était pas sans appeler automatiquement l'attention sur certains « trous » de notre réseau intérieur. Ils ne pourront disparaître sans une collaboration de plus en plus étroite des grandes régions économiques intéressées. Dès maintenant, de tous côtés on travaille aux extensions immédiates les plus désirables de notre réseau aérien.

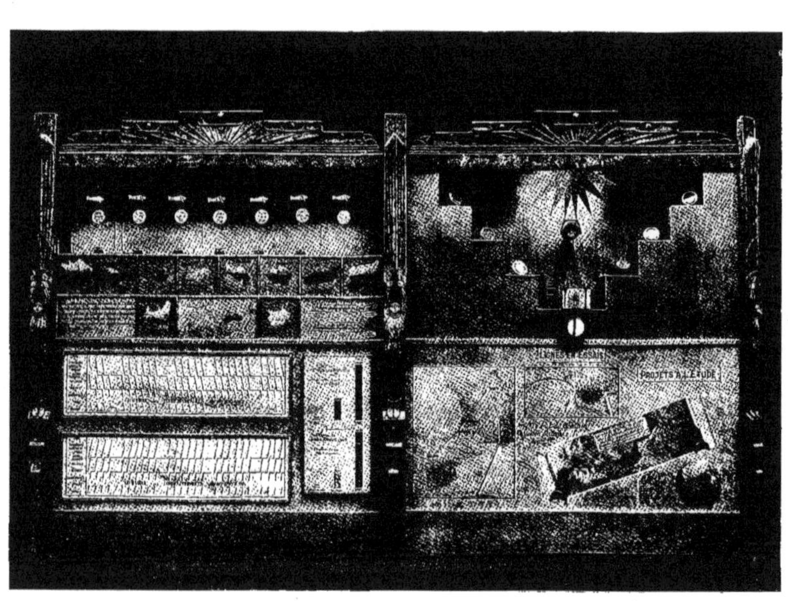

A l'heure actuelle, on peut dire surtout que le réseau aérien français s'étend avec une allure *accélérée* dans la direction du Sud-Ouest (Maroc, Sénégal, Brésil, Argentine), tandis qu'il est *plein de promesses* vers l'Est (Syrie, Extrême-Orient), ainsi que dans la direction Nord-Sud (Algérie) et qu'enfin plusieurs exploitations en collaboration ont donné des résultats *très encourageants* dans la direction Nord-Est (Allemagne, Scandinavie).

Les quatre domaines précédents sont respectivement ceux des Compagnies Aéropostale, C. I. D. N. A. Air Union et S. G. T. A. Les tableaux des deux pages qui précèdent montrent ce que sont les réseaux particuliers de ces diverses Compagnies.

1928, avec l'inauguration, dès le 1ᵉʳ mars, puis le fonctionnement régulier et de plus en plus rapide, du service postal mixte aérien France-Argentine, a vu le succès couronner magnifiquement une entreprise, dont l'annonce avait semblé, il y a moins de quatre ans, pure chimère, réalisable tout au plus d'ici un quart de siècle.

Mais si la réussite a été au bout des efforts de la Compagnie Aéropostale, c'est qu'un labeur préalable gigantesque l'a préparée, c'est que outre-Atlantique, tout le long de la ligne prévue, des douzaines d'aérodromes ont d'abord été créés de toutes pièces, avec toutes les installations indispensables : hangars, ateliers, magasins, dépôts de carburant, postes de T. S. F., réserves d'avions et de moteurs. On se fera une idée de l'importance du tout, quand on saura qu'à la ligne France-Argentine sont affectés, sans parler de ce qui résulte de l'utilisation de 6 avisos rapides, 200 avions et hydravions, 300 moteurs, 75 pilotes et 200 mécaniciens. La ligne mesure 12.795 kilomètres, c'est-à-dire plus du quart du tour de la Terre.

Demain, d'autres lignes aériennes lointaines naîtront, vers l'Amérique encore, puis toujours plus loin au cœur de l'Afrique, vers Madagascar et aussi vers notre Indochine et vers le Japon. Le retour en six jours et demi de Costes et Le Brix de Tokio à Paris nous a montré toute l'étendue des possibilités offertes aux nations qui seront les premières à réaliser. Agir, tout est là et rien ne serait pire que de perdre des années à chercher le plan soi-disant le meilleur.

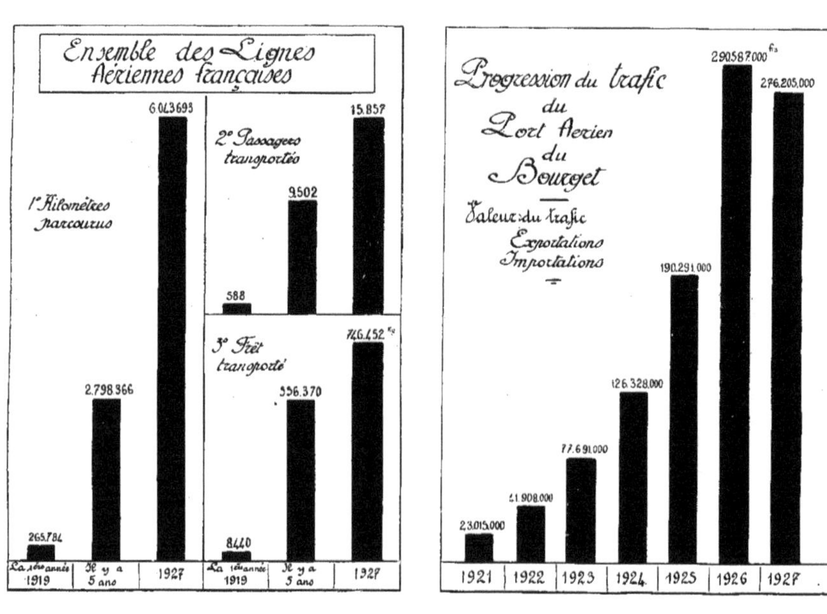

Ensemble des Lignes Aériennes françaises
1° Kilomètres parcourus
265.784
La 1ère année 1919
2.798.366
Il y a 5 ans
6.043.693
1927
2° Passagers transportés
588
La 1ère année 1919
9502
Il y a 5 ans
15.857
1927
3° Fret transporté
8.440
La 1ère année 1919
556.370
Il y a 5 ans
746.152 kg
1927
Progression du trafic du Port Aérien du Bourget
Valeur du trafic
Exportations
Importations
23.015.000
1921
41.908.000
1922
77.691.000
1923
126.328.000
1924
190.291.000
1925
290.587.000 frs
1926
276.205.000
1927

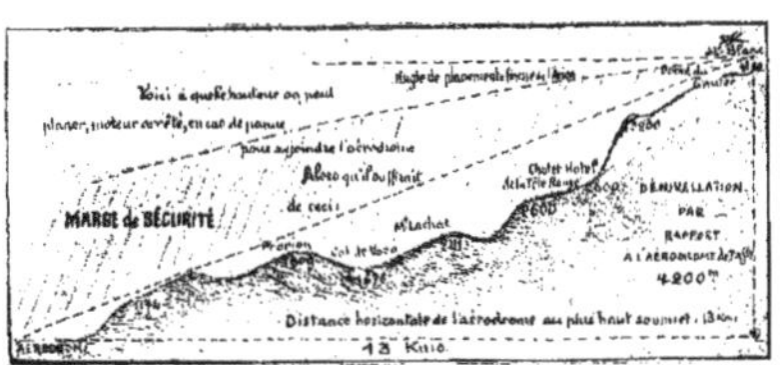

Démonstration de l'existence d'une large marge de sécurité dans le survol des glaciers

Aérodrome de Passy-Le Fayet au pied même du Mont Blanc
(Vue prise des hauteurs de Passy)

Quant en 1910 Chavez le premier survola les Alpes, qui donc aurait songé que, moins de vingt ans plus tard, un service public régulier offrirait aux familles en villégiature dans nos montagnes de faire de « l'alpinisme aérien ».

Il appartenait à Thoret, l'as du vol hélice calée, de prouver après maints ravitaillements du mont Blanc, que le survol des glaciers était somme toute, à moins de faire des « rase-mottes », qui sont sévèrement proscrits, beaucoup moins dangereux que leur ascension pédestre.

On peut frémir à la vue d'un précipice qu'on côtoye à pied et dans lequel on peut glisser, mais en avion, en cas de panne, *automatiquement on plane* et comme on peut planer environ dix fois sa hauteur on a une marge de sécurité de beaucoup supérieure à ce qu'il faut pour regagner l'aérodrome, comme le montre la figure ci-dessus. C'est à Passy-le Fayet, dans un cadre admirable, que Thoret vient de réaliser pour l'Air-Union l'aérodrome de départ. Le tourisme aérien en montagne permettra de contempler les plus magnifiques spectacles qui se puissent rêver.

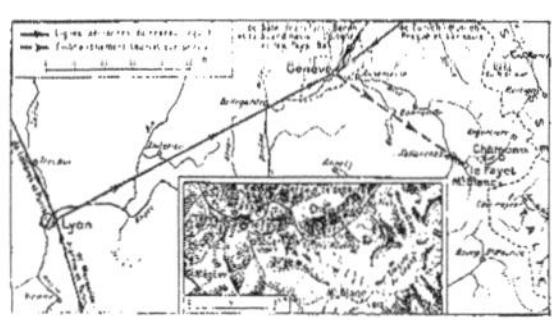

Cliché Michaud

D'après une taille directe de Mme Suzanne GAUDION.

L'Aviation triomphante

réduit

le Temps

à

rien

Affiche de Georges Villa.

9 782329 037394